요알못도 문제없는
에어프라이어
요리 마스터북

요알못도 문제없는
에어프라이어 요리 마스터북

김주애 지음

프롤로그

겉바속촉한 요리 세상으로
초대합니다

저는 8살, 5살 남매를 키우고 있는 아주 평범한 엄마, 그러나 평범하게 살고 싶지 않은 김주애입니다. 신혼 초까지도 요리는 그저 남의 일인 줄 알았고 자극적인 바깥 음식을 즐기던 제가 금쪽같은 아이들, 건희와 연서가 생기면서부터 달라졌어요. 이유식만큼은 내 손으로 만들고 싶어 서툴게 밥숟가락 계량을 시작했고, 데면데면했던 주방을 트게 되었습니다. 하고 싶은 요리가 많아지는 만큼 물욕도 더해져서, 온갖 주방 도구와 그릇들을 지르고 또 쟁여 놓았습니다.

그런데 에어프라이어는 선뜻 손이 가지 않더라고요. "기름 없이도 튀김 요리가 된대! 우리도 에어프라이어 살까?" 남편은 그렇게 물어봤는데, 정작 저는 "아니, 별로. 튀김은 기름에 튀겨야지." 심드렁하게 답했습니다. 오븐도 있고, 전자레인지도 있는데, 굳이 필요할까? 싶었거든요. 그때부터 썼다면 요리가 더 즐거웠을 텐데 말이죠.

시간이 흘러 저에게도 드디어 에어프라이어 한 대가 생겼습니다. 대망의 첫 요리는 다들 극찬하는 통삼겹구이였어요. 4인 가족이 딱 먹기 좋은 600g을 '겉바속촉'하게 굽는 데 걸린 시간은 40분. 인스타그램에 영상을 올리니 구독자들의 반응이 정말 뜨거웠습니다. 다음 요리는 아코디언 감자. 늦더위가 가시지 않았을 때라 아이들 간식도 하고 맥주 안주도 할 겸 만들었는데, 이 영상 역시 히트를 쳤어요. 에어프라이어로 뭘 더 만들 수 있을지, 계속 고민하는 계기가 되었습니다.

남편과 단둘이 멋진 요리를 해 먹고 싶을 때, 간단하게 안주를 만들고 싶을 때, 아이들 간식을 건강하게 만들고 싶을 때…, 에어프라이어를 쓰면 쓸수록 써야 할 이유는 늘어났습니다. 오븐 요리는 무엇이든 다 만들 수 있었고 – 예열 없이 빨리, 세척도 간편하게 –, 전자레인지에서는 눅눅해지는 튀김도 에어프라이어에 들어갔다 나오면 감쪽같이 되살아났어요. '이것도 될까?' 싶은 요리도 열 중 아홉은 만들 수 있었습니다.

이 책을 준비하면서 가장 먼저 생각한 건 '요리의 맛'입니다. 아이들이 잘 먹었는지, 남편 입맛에도 맞았는지를 중요하게 살폈어요. 힘들여 만들었는데 정작 맛이 없으면 안 되지요. 그다음은 재료를 쉽게 구할 수 있는지 생각했습니다. 당장 만들고 싶은데 '재료 찾아 삼만리' 하고, 해외 직구를 하면 안 되잖아요. 또, 에어프라이어로 처음부터 끝까지 가능한 요리인지도 중요했어요. 정작 요리는 불 앞에서 다 하고, 에어프라이어는 그저 거들 뿐이라면 의미 없잖아요. 인터넷에서 쉽게 찾을 수 있는 평범한 레시피도 싣지 않았어요. 사랑하는 가족을 위해 고민하며 만들었던 레시피만을 이 책에 담았습니다. 독자분들도 이 책을 통해 사랑하는 가족들과 더 건강한 먹거리를 즐길 수 있기를 바라면서요. 작가에게 그것만큼 행복한 건 없으니까요.

인스타그램에 꾸준히 요리 영상을 올리고 구독자분들의 사랑을 받게 되면서, 나도 책을 낼 수 있을까 조심스레 꿈꾸기도 했습니다. 그렇게 꿈꿔 오던 일인데, 막상 출간 제의를 받으니 망설여졌어요. 제 마음을 굳건하게 해 준 건 사랑하는 가족들이었습니다. 멋진 아내, 자랑스러운 엄마이고 싶었고, 대견한 딸, 며느리가 되고 싶은 마음이 저를 이 자리로 이끌었습니다. 어느 때보다 열심히 반년을 보내는 동안 묵묵히 옆에서 도와주고 기꺼이 시식단이 되어 준 가족들, 제 요리를 기다려 주고 환호해 주신 구독자분들, 또 출간 기회를 주신 슬로래빗 관계자들께 감사 인사를 전합니다.

#주애테이블 김주애

준비해 두면 A⁺ 되는 도구들

종이 포일

에어프라이어 요리 좀 하는 사람이라면 '백이면 백' 사용하는 도구는 바로 종이 포일입니다. 조리하면서 기름이나 찌꺼기가 나오게 되는데 종이 포일을 사용하면 따로 세척이 필요 없을 만큼 뒤처리가 쉬워지는 게 가장 큰 이유입니다. 또, 내용물이 종이 포일에 눌어붙지 않는 특성 때문에 조리 중간중간 재료를 뒤집을 때도 편리하고, 요리 모양도 잘 유지할 수 있어서 유용합니다.

사각 롤 포일 많이 사용하는 제품은 구멍 없는 사각 포일입니다. 특히 양념이 있는 요리에서 그릇 형태로 모양을 잡아 사용하면, 재료의 습기를 머금은 상태로 조리할 수 있기 때문에 양념이 잘 배어들어 편리합니다.

구멍 있는 종이 포일 주로 찜받침 종이로 판매되며, 재료 자체에 기름을 많이 함유한 경우 기름기가 구멍으로 잘 빠져나올 수 있어 편리합니다. 재료의 습기가 고이지 않게 요리해야 할 때도 사용합니다.

접시형 종이 포일 피자나 핫케이크, 미니 케이크를 만들 때 접시 모양의 종이 포일도 에어프라이어 요리에 많이 사용합니다. 최근엔 에어프라이어 전용 제품이 출시되어 용량에 맞는 크기를 선택할 수 있어요.

알루미늄 포일

알루미늄 포일은 수분이 많은 찜이나 조림을 할 때 주로 사용합니다. 수분을 완전히 가둘 수 있기 때문에 종이 포일을 사용할 때보다 요리의 완성도가 올라간답니다.

베이킹팬

에어프라이어 출시 초창기에는 튀김 요리를 해 먹는 것으로 알려졌지만, 오븐에서나 할 줄 알았던 베이킹부터 찜, 볶음밥까지 무궁무진한 요리를 할 수 있어요. 이때 필요한 것이 바로 베이킹팬! 특히 그라탕이나 볶음밥, 조림 요리 등 국물이 있는 요리를 할 때 유용합니다.

머핀틀

1인 가구나 2인 가구가 많아진 만큼 에어프라이어를 이용한 한입 요리도 많아졌습니다. 실리콘으로 된 1구 머핀틀이나 종이 머핀틀을 이용하면 손쉽게 한입 크기의 요리를 만들 수 있어요.

요리용 집게

에어프라이어를 사용할 때 없어선 안 될 조리도구 중 하나는 요리용 집게입니다. 열선이 상단에만 위치하기 때문에 재료가 알아서 골고루 익지는 않아요. 중간에 한 번씩 뒤집어 줘야 하고, 완성된 요리를 꺼낼 때도 필요합니다.

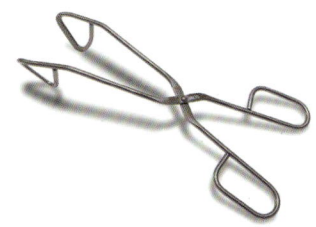

오일 스프레이

재료에 오일을 입힐 때 비닐봉지에 넣고 흔들거나 브러쉬를 이용하는 경우도 있지만, 오일을 골고루 얇게 바르고 싶을 때는 오일 스프레이가 유용합니다. 오일 사용도 줄일 수 있고 식감도 더 바삭해진답니다.

실리콘 브러쉬

녹인 버터나 달걀물을 바를 때 편리해요. 천연털이나 아크릴 섬유로 된 브러쉬는 털이 쉽게 빠지고 위생적이지 않으니 실리콘 브러쉬로 준비해 주세요.

나무 꼬치

꼬치에 끼워 구우면 중간에 뒤집기도 편하고 먹을 때도 간편하다 보니, 에어프라이어 메뉴에 꼬치구이가 빠지지 않아요. 이 책에도 꼬치를 사용한 요리가 11가지나 된답니다. 단, 오래 구워야 하는 경우, 꼬치를 물에 푹 적신 후 사용해야 조리 과정에 타지 않아요.

내열 그릇

재료의 수분이나 소스를 날리는 방식이 아니라 간직해야 하는 찜요리는 오목한 내열 그릇이 필요합니다. 그릇째 에어프라이어에 넣어 조리하고, 그릇째 그대로 식탁에 내면 됩니다.

요리가 더 쉬워지는 팁

Q 종이 포일을 넣었더니 검게 탔어요!
A 바스켓 크기에 맞게 자르거나 그릇 모양으로 접어서 사용합니다

에어프라이어는 직화가 아닌 열풍 방식이라 종이 포일이나 알루미늄 포일 모두 안전하게 사용할 수 있습니다. 다만, 종이 포일을 너무 크게 잘라 넣으면 에어프라이어 상단의 열선에 종이 포일이 닿으면서 검게 타는 경우가 종종 있어요. 따라서 열선에 종이 포일이 닿지 않도록 바스켓 크기에 맞게 잘라서 사용합니다.

또 하나의 방법은 종이 포일을 그릇 모양으로 접어서 사용하는 것입니다. 이렇게 하면 종이 포일이 타지 않는 것은 물론이고, 재료를 담아서 넣거나 조리를 마치고 꺼낼 때도 편리합니다. 특히 조림처럼 수분을 간직하며 조리할 때는 내열 그릇 대용으로 사용할 수 있어요.

사각 종이틀 만드는 법

1
종이 포일을 바스켓보다 크게 잘라서 그릇 모양이 되도록 네 면을 위로 꺾어 접어요.

2
모서리의 튀어나온 부분은 밥알을 이용해 붙여요.

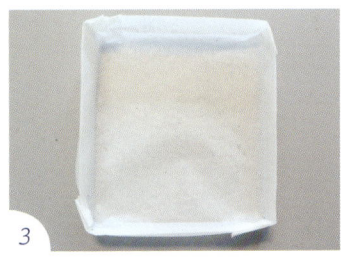

3
네 면을 다 붙여서 사각 종이틀을 완성해요.

Q 더 바삭한 튀김을 원해요!
A 빵가루와 오일을 2:1 비율로 섞어 사용하세요

기름을 이용한 튀김은 바삭하고 고소한 식감은 좋지만, 쓰고 남은 기름 처리가 골칫거리입니다. 에어프라이어가 더욱 사랑받게 된 이유겠지요. 문제는 그만큼 맛이 나지 않는다는 것. 획기적인 조리기구라도 맛이 안 따라 준다면 소용 있을까요? 고민은 그만! 오일빵가루를 이용해 보세요. 밀가루 - 달걀물 - 오일빵가루 순서로 튀김옷을 입히면 바삭한 튀김을 맛볼 수 있어요. 참! 튀김이 아니라도 오일로 코팅해 주면 훨씬 고소하게 익힐 수 있답니다.

오일빵가루 만드는 법

1
빵가루와 오일을 2:1 비율로 준비합니다.

2
뚜껑 있는 그릇이나 비닐봉지에 분량의 빵가루와 오일을 담아요.

3
오일이 빵가루에 잘 스며들도록 섞어 주세요.

오일 코팅 하는 법

비닐봉지에 재료와 오일을 넣고 공기를 가득 채워서 흔들어요.

비닐봉지에 흔들 수 없는 경우, 실리콘 브러쉬나 오일 스프레이를 이용합니다.

오일 스프레이는 브러쉬로 구석구석 바르기 어려운 경우에 유용해요.

Q 재료가 골고루 익지 않아요
A 겹치지 않게 담고, 뒤섞고 뒤집으며 조리합니다

재료를 너무 겹쳐 담으면 그만큼 열풍이 닿지 않아 원하는 식감과 색, 맛을 얻기 어렵습니다. 겹쳐 담지 않더라도 조리 중간에 뒤섞고, 뒤집어 줘야 표면 곳곳에 열풍이 닿게 되어 골고루 맛있게 익는답니다.

Q 본체를 어떻게 세척해야 할지 모르겠어요
A 소주와 레몬즙을 이용하면 쉽게 닦을 수 있어요

바스켓이나 기름받이에 기름때가 꼈다면 뜨거운 물에 식초와 베이킹 소다를 넣고 10분 정도 불린 뒤 부드러운 스펀지로 닦아 주세요. 문제는 본체! 열선이나 본체를 어떻게 닦아야 할지 모르겠다는 분들이 생각보다 많아요. 본체 세척은 정말 간단합니다. 레몬즙과 소주를 이용하면 기름때 제거는 물론이고 살균 효과도 있답니다. 단, 반드시 코드를 뽑고 열이 없는 상태에서 해야 합니다.

본체 세척하는 법

1
레몬즙과 소주를 1:1 비율로 분무기에 담아요.

2
열선과 환기구 쪽에 분사합니다.

3
10분 정도 흐른 후에 마른 천으로 닦아 주세요.

요리를 시작하기 전에 꼭 알아 두세요!

에어프라이어 송풍구 뒤쪽에 여유 공간을 두세요

에어프라이어를 사용할 때 뒷면의 송풍구로 고열이 배출됩니다. 벽면이나 플라스틱, 콘센트 등에 바짝 붙여서 사용하면 그을음이나 연기, 화재의 위험이 있으니, 반드시 송풍구 뒤쪽에 공간을 여유롭게 두도록 합니다.

에어프라이어는 예열이 필요 없어요

온도를 세팅하다 보니 에어프라이어도 오븐처럼 예열이 필요한지 종종 묻는데요. 에어프라이어 예열은 개봉 후에 단 한 번! 냄새를 없애기 위해서만 필요해요. 예열이 필요 없어 조리 시간을 단축하는 것도 에어프라이어의 큰 장점입니다.

조리 시간은 상황에 맞게 가감합니다

제품마다 용량이 다르고, 열선 거리, 대류 방식 등에 차이가 있어요. 재료의 손질 상태에 따라서도 조리 시간이 달라질 수 있으니 중간중간 꺼내어 조리 상태를 확인하면서 시간을 가감해 주세요. 이 책의 레시피는 대부분 5L 에어프라이어를 사용했고, 콘치즈누룽지통닭(24p)과 단호박오리찜(28p)만 10L를 사용했으니 참고하세요.

계량법을 확인하세요

1큰술은 15ml = 15g이고, 1작은술은 5ml = 5g, 1컵은 200ml = 200g입니다. 액체는 꼭 채우되 흘러넘치지 않을 정도로 담고, 가루는 가득 담은 다음 주걱으로 표면을 평평하게 깎아서 계량합니다.

요리에 따라 세팅방법이 달라요

요리 종류, 조리 방법, 재료의 특징, 크기에 따라 세팅방법이 달라집니다. 종이 포일, 알루미늄 포일, 베이킹팬, 내열 그릇, 머핀틀 등 어디에 넣어서 익혀야 할지 확인하고 요리를 시작해 주세요.

1. **바스켓**   재료 그대로 바스켓에 넣어서 조리합니다.

2. **종이 포일 / 알루미늄 포일 / 접시형 종이 포일**   포일로 바스켓 크기의 그릇을 만들고, 그 안에 재료를 담아서 그릇째 바스켓에 넣어요. 이미 모양이 잡혀 있는 접시형은 재료만 담아 넣으면 됩니다.

3. **구멍 있는 종이 포일**   포일을 바스켓 모양으로 잘라서 바닥에 깔고 그 위에 재료를 세팅합니다.

4. **베이킹팬 / 내열 그릇 / 머핀틀**   베이킹팬에 재료를 담고 베이킹팬째로 바스켓에 넣어요. 내열 그릇이나 머핀틀을 사용할 때도 마찬가지입니다.

C·O·N·T·E·N·T·S

프롤로그
겉바속촉한 요리 세상으로 초대합니다 … 4

준비해두면 A⁺되는 도구들 … 6
요리가 더 쉬워지는 팁 … 9
요리를 시작하기 전에 꼭 알아 두세요! … 12

찾아보기
이걸로 뭘 해 먹지? … 218

Part 1
집에서도 멋지게 즐기는 일품요리

치킨보다 맛있는 닭가슴살찹스테이크 … 22
에프에 빠진 닭! 콘치즈누룽지통닭 … 24
칸칸이 채소가 쏙쏙~ 통베이컨채소구이 … 26
독일식 족발 구이! 슈바인스학세 … 27
보양식으로 최고! 단호박오리찜 … 28
소고기 땡기는 날엔? 소고기가스 … 30
한잔을 부르는 가리비쪽파치즈찜 … 31
종이에 싸서 구워 먹는 메로파피요트 … 32
소면으로 멋낸 새우 소면말이새우튀김 … 34
초초초간단! 새우소금구이 … 36
만두를 먹는 새로운 방법 만두그라탕 … 37
이태리 감성 그대로! 빠네크림파스타 … 38

Part 2
특별한 날에 곁들이면 좋을 사이드 요리

둘둘 말아~ 햄치즈가지롤	42
시칠리아식 가지볶음 베지카포나타	44
영양 만점! 두부토마토카나페	46
호박 안 먹는 아이들에게 강추!! 애호박두부구이	47
건강하게 한 쌈~ 간편하게 한 쌈~ 양배추쌈밥	48
찬밥을 부탁해~ 파프리카보트밥	50
집에서 즐기는 중화요리 중국식배추찜	52
놓자마자 순삭! 방울토마토베이컨말이	53
떡이 있어 든든함 곱절! 소고기떡말이	54
달콤짭조름한 고구마새우볼	56
먹을수록 예뻐지는 아스파라거스파이	57
오늘은 우리집이 브런치 카페 시금치플랫브레드	58
아보카도는 구워 먹어야 제맛 아보카도베이컨말이	60

Part 3
단 한 잔을 먹어도 솜씨 가득한 안주와 함께

세상에서 제일 고소한 꽃! 베이컨감자꽃	64
양파를 찾아라! 베이컨양파링	66
오늘은 스맥이다! 스팸스틱	67
가지가 피자도우로 변신! 가지팬피자	68
꼬들꼬들 라면으로 피자를? 라면피자	70
튀기지 않아도 맛있는 올리브핫도그	72
학창시절 추억 돋는 소시지채소볶음	73
양파꽃이 피었습니다! 블루밍어니언	74
한입 피자로 즐기는 양파치즈전	76
소떡? 아니 새떡! 새우떡꼬치	77

정종과 잘 어울리는 문어꼬치	78
아삭아삭 양배추 씹히는 맛 양배추부침	80
5분 땡! 하면 피자 완성 또띠아치즈피자	82
냉동치킨의 이토록 멋진 변신 치즈치킨	83

Part 4
엄마 마음을 듬뿍 담은
영양 간식

핑거 푸드로 딱! 감자치즈크로켓	86
한 장 한 장 뜯어 먹는 재미! 베이컨치즈감자구이	88
식감이 예술이야~ 알감자구이	90
찜질방 맥반석 달걀 스타일로 구운달걀	91
절대 탈 일 없는 군고구마	92
패밀리레스토랑 인기 메뉴가 짠! 허니버터고구마	93
고구마를 더욱 달콤하게 즐기는 방법 아코디언고구마	94
기름기는 낮추고, 맛은 올리고~ 고구마맛탕	96
달콤함이 톡 터진다! 옥수수맛탕	98
눈 건강까지 책임지는 단호박에그슬럿	100
가장 만만한 간식 뽀빠이건빵	102
프라이팬에 달달 볶아 먹던 그 맛 꼬소떡구이	103
호떡잼믹스로 만드는 꿀떡볶이	104
간장떡볶이를 꼬치로 즐겨요 어묵떡꼬치	105
숨은 달걀 찾기! 어묵달걀튀김	106
엄마표 간식 No 1. 두부핫도그	108
하나를 먹여도 바른 먹거리로~ 라이스핫도그	110
사르르 녹는 마성의 간식! 바나나튀김	112

Part 5
우리집 반찬엔 뭔가 특별한 게 있다

기름기 쫙 뺀 대패삼겹살샐러드	116
양념이 쏙 배어 환상적인 돼지고기덮밥	117
바다의 맛을 듬뿍~ 옥돔간장조림	118
아주 특별한 고등어 요리! 고등어강정	119
달걀찜은 잊어라! 달걀푸딩	120
바삭바삭 고소고소한 팽이버섯전	122
쫄깃하고 매콤하게~ 느타리버섯구이	124
재료 걱정할 필요 없는 밥 도둑 매콤김치볶음	125
밑반찬계의 단골손님 메추리알장조림	126
아린 향은 사라지고 감칠맛은 살리고 마늘종조림	128
다이어트 요리로도 딱 좋은 두부튀김	129

Part 6
어디서나 간단히 먹는 한입 주먹밥

소풍 도시락으로 당첨~ 베이컨주먹밥	132
10분이면 완성! 하이라이스새우주먹밥	134
한 끼 식사로도 안성맞춤! 토마토치즈머핀밥	136
밥버거처럼 즐기는 떡갈비머핀밥	138
훈제 닭가슴살로 간편히 만드는 치즈불닭주먹밥	139
초밥 느낌으로 연어크래미주먹밥	140
편의점 삼각김밥 따라잡기 고추참치주먹밥	141
밑반찬으로 후다닥 만들기 멸치볶음주먹밥	142
아이들도 좋아하는 참치마요주먹밥	143
씹을수록 맛있는 진미채주먹밥	144
냉장고 텅 빈 날에 스크램블에그주먹밥	145

Part 7
여기 어디? 내 식탁 위의 길거리 간식

속이 텅텅 빈 공갈빵	148
명절 음식 처리에 그만인 잡채호떡	150
휴게소 간식 베스트! 옥수수버터구이	151
야식으로 딱 좋은 구운통감자	152
세상 간단한 감자 간식 회오리감자	153
호호 불며 먹어야 제맛이지~ 치즈달걀빵	154
중독성 깊은 맛! 마약꿀호떡	156
옥수수 알갱이가 톡톡! 콘치즈마요빵	157
알싸한 맛! 할라피뇨핫도그	158
버터향 가득한 햄치즈토스트	160
밀가루 없는 달걀빵 베이컨에그롤	161
분식 덕후는 다 좋아해! 순대꼬치	162
통인시장 명성에 도전한다 기름떡볶이	163
10분 만에 완성하는 프랑스 국민요리 갈레트	164
초콜릿 듬뿍 넣은 바나나크레페	165

Part 8
에프로 시작하는 초간단 홈베이킹

홈메이드 피자빵의 진수 낙엽브레드	168
누가 만들어도 맛 보장! 해바라기빵	170
아이와 함께 만드는 고구마파이	171
고구마가 숨어 있는 건 몰랐지? 고구마브라우니	172
페이스트리 식감 그대로! 리본파이	174
달콤 2단 콤보! 마시멜로우에클레어	176
시판 호떡믹스면 준비 끝! 몽키브레드	177
카모메식당처럼~ 시나몬롤	178

홈베이킹의 기본, 머핀에 도전! **블랙포도미니머핀**		180
초코에 빠진 바나나 **바나나초코머핀**		182
마늘바게트는 이제 식상하다! **쪽파바게트**		184
한 겹씩 떼어 먹는 **아코디언바게트칩**		185

Part 9
식빵 어디까지 즐겨봤니?

폭신폭신한 달걀푸딩을 식빵과 함께 **달걀샌드위치**		188
촉촉함의 끝판왕 **프렌치토스트**		190
시판 과자 따라잡기! **후렌치파이**		192
이보다 더 간단할 수 없다 **식빵핫도그**		194
베이컨+달걀+치즈 조합은 언제나 옳아 **베이컨달걀토스트**		196
스파게티 한 접시가 그대로 **스파게티토스트**		198
달콤하고 부드럽고 행복한 맛 **고구마피자토스트**		200
식빵 자투리 이제 버리지 마세요~ **브레드푸딩**		202
식빵 자투리의 또 다른 활용 **초코러스크**		204
샌드위치 하나로 포만감 충전 완료! **돈가스샌드위치**		206
커피와 함께 즐기는 **허니브레드**		207

Part 10
불 앞에서 맘 졸일 필요 없는 수제잼

잼 중의 잼은? **딸기잼**		210
맛없는 사과를 맛있게 하는 방법 **사과잼**		212
베리베리 맛있는 **블루베리잼**		213
몰캉몰캉 씹는 맛이 좋은 **파인애플잼**		214
숲에서 나온 버터 **아보카도잼**		215
건강을 듬뿍 담은 **토마토잼**		216
침샘 자극 No.1 **골드키위잼**		217

Part 1
집에서도 멋지게 즐기는 일품요리

치킨보다 맛있는
닭가슴살찹스테이크

 소요시간
에프 25분 | 전체 60~70분

 세팅방법
종이 포일 또는 알루미늄 포일

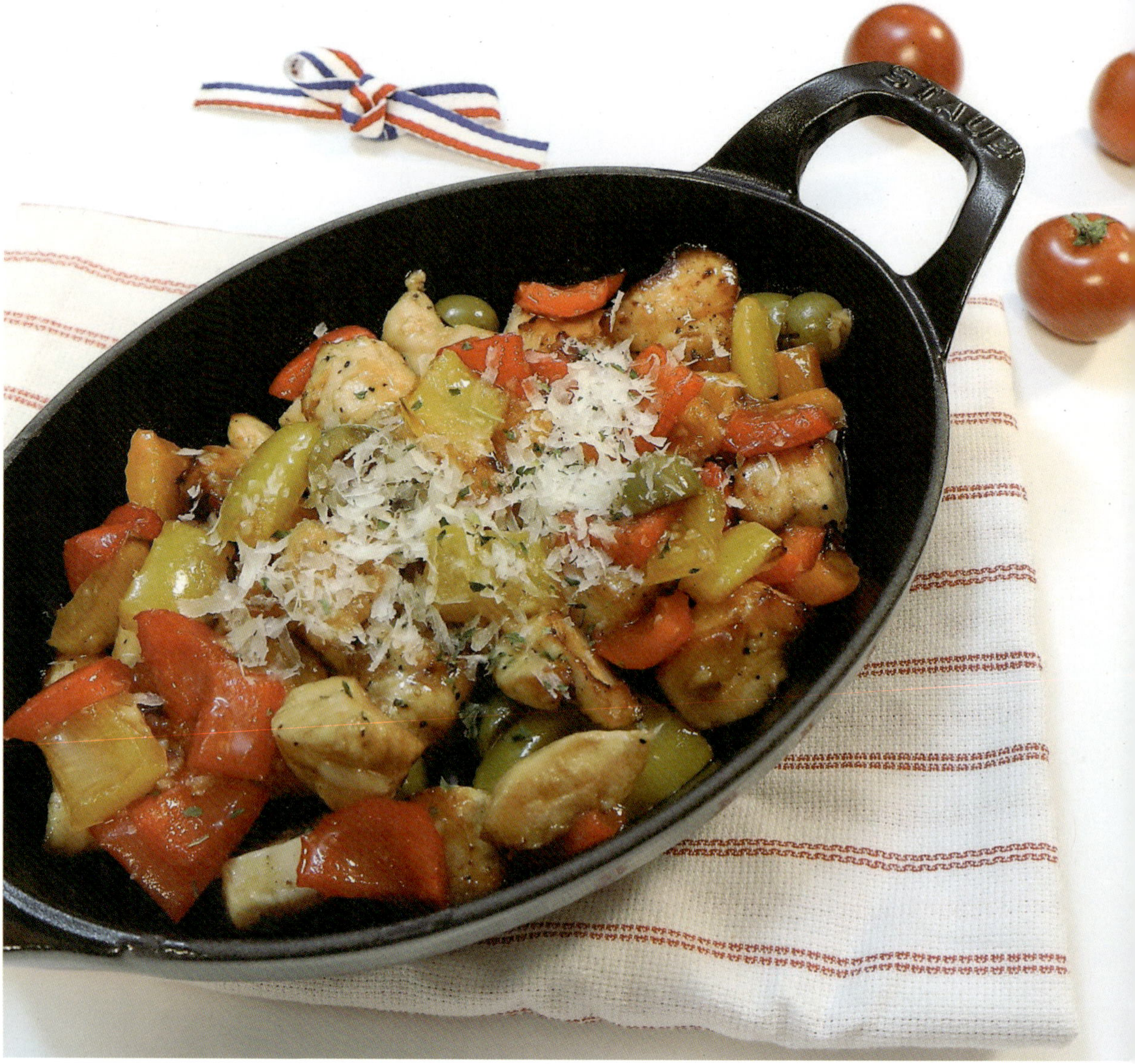

재료 2인분

닭가슴살 300g
그린 올리브 6알
3색 파프리카 각 1/3개약 40g
우유 1/2컵
소금, 후추 약간

소스

데리야끼 소스

- 굴소스 2큰술
- 케첩 1큰술
- 맛술 1큰술
- 설탕 1큰술
- 올리고당 1큰술
- 다진 마늘 1작은술
- 생강즙 1작은술생략 가능
- 물 1큰술

1. 닭가슴살을 우유에 30분 이상 담가서 잡내를 제거해 주세요.

2. 닭가슴살을 찬물에 씻은 다음, 소금과 후추로 간을 합니다.

3. 닭가슴살은 3cm, 파프리카는 2cm로 깍둑썰기하고, 그린 올리브는 반으로 잘라 주세요.

4. 닭가슴살만 넣고 200℃에서 5분 구운 다음, 뒤집어서 5분 더 구워요.

더욱 맛있게 채소를 바닥에 놓고 닭가슴살을 그 위에 올려야 채소가 타지 않아요~

5. 파프리카를 바닥에 깔고 초벌구이한 닭가슴살과 그린 올리브를 얹어서 180℃에서 5분 익혀 주세요.

6. 데리야끼 소스를 골고루 끼얹은 다음, 같은 온도로 10분 더 익혀 냅니다.

에프에 빠진 닭!
콘치즈누룽지통닭

 소요시간
에프 45분 | 전체 80~90분

 세팅방법
종이 포일

재료 3-4인분

닭 1kg
밥 300g
녹인 버터 20g
우유 200㎖
소금 2큰술
후추 2큰술

소스
콘치즈마요 소스

- 스트링 치즈 2줄
  잘게 찢어서 준비해요.
- 모차렐라 치즈 2큰술
  캔 옥수수 4큰술
  마요네즈 2큰술
  설탕 1큰술

1

우유에 30분 이상 담가서 잡내를 없앤 다음, 깨끗이 씻어 소금, 후추로 밑간합니다.

Tip 2의 누룽지와 3의 콘치즈마요 소스는 닭의 잡내를 잡을 동안 준비해 주세요.

2

밥을 종이 포일에 넓게 펼쳐서 200℃에서 3분, 뒤집어서 2분 구워서 식혀 놓아요.

3

분량의 재료를 섞어서 콘치즈마요 소스를 만들어요.

4

녹인 버터 20g에 소금, 후추를 1큰술씩 섞어서 밑간한 닭에 골고루 바르고 180℃에서 20분, 뒤집어서 10분 구워요.

Tip 버터를 바를 때 배 안쪽이나 날개 사이사이까지 빠짐없이 발라 줍니다.

5

구운 밥 위에 구운 닭과 콘치즈마요 소스를 올리고, 170℃에서 10분 더 구워 주세요.

칸칸이 채소가 쏙쏙~
통베이컨채소구이

소요시간
에프 15분 | 전체 20~25분

세팅방법
종이 포일

재료 2~3인분
통베이컨 1줄 350g
당근 1/2개약 50g
가지 1/2개약 50g
슬라이스 치즈 2장

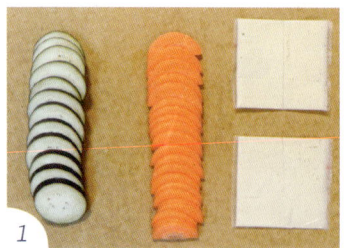

1
가지와 당근은 얇게 썰어 준비하고, 치즈는 6등분으로 잘라 주세요.

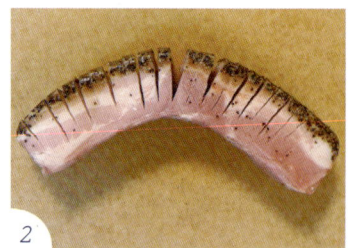

2
통베이컨에 5mm 간격으로 칼집을 넣어 주세요.

Tip 칼집을 낼 때 바닥에서 5mm 정도 남겨요.

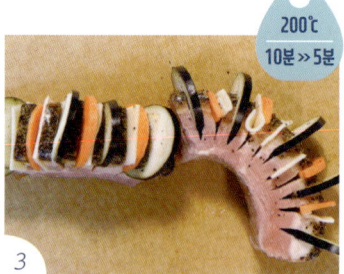

3
칼집 사이사이로 준비한 당근과 가지, 치즈를 꽂은 다음, 200℃에서 10분, 뒤집어서 5분 구워요.

더욱 맛있게 베이컨을 3의 우측처럼 눕혀서 익혀야 채소와 치즈가 타지 않고, 베이컨도 옆면까지 골고루 익어요.

소요시간
에프 30분 | 전체 35~40분

세팅방법
종이 포일

재료 2인분
시판 훈제 족발 300g
사과 1/2개약 100g
양파 2/3개약 50g
대파 50g
가지 50g
오일 약간

💡 **잠깐 상식**
슈바인스학세는 독일식 족발 요리로, 삶아 먹는 우리나라 족발과 달리 오븐에 굽는 것이 특징입니다. 독일 현지에서는 감자나 사우어크라우트(양배추 김치)와 함께 먹어요.

독일식 족발 구이!
슈바인스학세

RECIPE

1
사과는 껍질째 크게 썰고, 가지와 양파는 5~6mm 두께로, 대파는 4~5cm 길이로 썰어서 준비합니다.

2
손질한 재료와 오일을 비닐봉지에 넣고 흔들어 코팅합니다.
Tip 비닐봉지에 공기를 가득 넣고 흔들어야 골고루 오일이 묻어요.

200℃ 10분 » 5분 / 180℃ 15분
3
족발과 2를 넣고 200℃로 10분, 가지와 양파를 빼고 5분 더 구워 주세요. 마지막으로 족발을 뒤집은 다음 180℃에서 15분 더 구워요.

더욱 맛있게 채소는 가장자리와 바닥에 놓고 서서히 익혀야 타지 않아요.

보양식으로 최고!
단호박오리찜

 소요시간
에프 30분 | 전체 40분

 세팅방법
바스켓 빼고 재료째

재료 3~4인분
단호박 1개약 800g
에어프라이어에 들어가는 크기로 준비해 주세요.
훈제오리 200g
각종 채소 100g
모차렐라 치즈 2큰술

소스
간장 소스
- 간장 1큰술
- 올리고당 1큰술

1
종이 포일로 단호박 아래를 감싼 다음, 바스켓 없이 단호박째 넣고 200℃로 15분 익혀요.

Tip 전자레인지에 익히면 빨리 익는 대신 수분이 많이 나와요.

2
단호박 꼭지 부분을 잘라서 뚜껑을 만들고 속을 긁어냅니다.

3
훈제오리와 각종 채소를 간장 소스에 버무려요.

4
단호박 안에 3을 넣고, 모차렐라 치즈를 올려 줍니다.

더욱 맛있게 고소한 맛을 좋아한다면 단호박을 가른 후 슬라이스 치즈를 얹어 냅니다.

5
뚜껑을 닫고 200℃에서 5분, 150℃로 내려서 10분 더 구워 주세요.

Tip 바스켓 빼고 단호박째로 넣어서 열선과 너무 가깝지 않도록 합니다.

소고기 땡기는 날엔?
소고기가스

 소요시간
에프 15분 | 전체 25~30분

 세팅방법
종이 포일

 재료 2인분
소고기 300g
밀가루 2큰술
달걀 1개
빵가루 6큰술
오일 3큰술
소금, 후추 약간

 소스
시판 돈가스 소스

1
소고기를 미트롤러로 다져 부드럽게 한 다음, 소금과 후추로 밑간해 주세요.

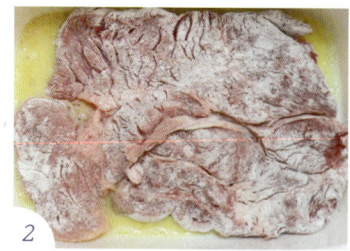

2
밑간한 소고기에 밀가루 – 달걀물 – 오일빵가루 순서로 튀김옷을 입혀 줍니다.

> **Tip** 달걀물은 달걀만 풀고, 오일빵가루는 빵가루와 오일을 2:1 비율로 섞어요.

3
200℃에서 5분, 뒤집고 180℃로 온도를 내려서 7분, 다시 뒤집어서 3분 더 구워요.

한잔을 부르는
가리비쪽파치즈찜

소요시간
에프 18분 | 전체 25~30분

세팅방법
종이 포일 그릇

재료 2인분
가리비 2kg 껍질 포함
쪽파 100g
모차렐라 치즈 4큰술

소스
매콤 소스
  고춧가루 2큰술
  고추장 1큰술
  간장 1큰술
  물엿 2큰술
  설탕 1큰술
  다진 청양고추 2큰술
  다진 마늘 1큰술

1
가리비는 삶아서 내장을 제거하고, 쪽파는 5cm 길이로 썰어 주세요.

2
가리비와 매콤 소스, 쪽파를 버무린 다음, 200℃에서 8분, 뒤집어서 5분 구워 주세요.

3
모차렐라 치즈를 그 위에 올리고 180℃로 내려서 5분 더 구워 마무리 합니다.

종이에 싸서 구워 먹는
메로파피요트

소요시간
에프 25분 | 전체 60~70분

세팅방법
종이 포일로 위아래를 밀봉

재료 2~3인분

손질 메로 500g
연어나 삼치 등으로 대체 가능

양파 1/2개약 50g
레몬 1/2개약 50g
방울토마토 4알
올리브유 2큰술
로즈마리 약간
소금, 후추 약간

잠깐 상식
파피요트는 생선이나 고기를 각종 곁들임 채소와 함께 종이 포일에 싸서 오븐에 구워 먹는 프랑스식 조리법입니다.

1 방울토마토는 반으로 자르고, 레몬과 양파는 얇게 썰어 주세요.

2 손질한 메로를 그릇에 담고 양면에 소금, 후추로 밑간합니다.

3 사이사이에 1을 놓고 로즈마리와 올리브유를 뿌려서 30분 동안 냉장 보관합니다.

4 종이 포일로 옮겨 담아요.

5 종이 포일로 위를 덮고 모서리를 접어서 밀봉합니다.

6 그 상태로 에어프라이어에 넣고 200℃에서 20~25분 구워 주세요.

Tip 메로 크기에 따라 시간을 조절해 주세요.

소면으로 멋낸 새우
소면말이새우튀김

소요시간
에프 15분 | 전체 30~35분

세팅방법
종이 포일

재료 2~3인분

왕새우 16마리
소금 1작은술
후추 1작은술
전분 2큰술
소면 150g
오일 1/2컵

memo 새우 손질 방법

등껍질 2번째 마디를 이쑤시개로 찔러서 내장을 제거해요.

꼬리를 안쪽으로 꺾어서 뾰족한 물총을 잘라 줍니다.

1
새우는 내장과 물총, 등껍질과 잔수염, 다리까지 말끔히 손질합니다.

2
손질한 새우를 소금, 후추로 밑간해 주세요.

3
소면은 끓는 물에 잘 삶아서 물기를 뺍니다.

4
비닐봉지에 전분 2큰술과 새우를 넣고 튀김옷을 입혀요.

5
튀김옷을 입힌 새우에 물기를 뺀 소면을 돌돌 말아요.

6
소면에 오일을 골고루 바른 다음, 200℃에서 10분, 180℃로 내리고 뒤집어서 5분 더 구워 줍니다.

Tip 오일을 골고루 발라야 소면이 타지 않고 바삭하게 조리됩니다.

RECIPE

초초초간단!
새우소금구이

소요시간
에프 15분 | 전체 20~25분

세팅방법
종이 포일

재료 2인분
왕새우 15마리
굵은 소금 1컵

1
종이 포일로 그릇을 만들어 굵은 소금을 반쯤 채워 주세요.

2
새우를 서로 겹치지 않도록 빙 둘러서 올려 줍니다.

200℃ 10분 | 180℃ 5분

3
200℃에서 10분 구운 다음, 뒤집고 180℃로 내려서 5분 더 구워 주세요.

더욱 맛있게 다 익으면 껍질을 벗기고 초고추장에 찍어 먹어요.

소요시간
에프 8분 | 전체 15~20분

세팅방법
내열 그릇

만두를 먹는 새로운 방법
만두그라탕

재료 2인분
시판 냉동 만두 6개약 200g
모차렐라 치즈 100g
올리브 3알
토마토소스 3큰술

1
냉동 만두를 볼에 넣고 잘게 짓이겨 주세요.

Tip 미리 상온에 꺼내서 살짝 해동하거나 에어프라이어에서 150℃로 5분 이상 돌리면 완전 해동됩니다.

2
토마토소스를 넣어 섞은 다음, 내열 그릇에 옮겨 담아요.

3
모차렐라 치즈와 올리브를 올려서 160℃에서 5분, 80℃로 내려서 3분 더 구워 주세요.

Tip 냉동 만두를 완전히 해동한 경우라면 160℃에서 5분만 구워도 됩니다.

이태리 감성 그대로!
빠네크림파스타

소요시간
에프 30분 | 전체 40~45분

세팅방법
바스켓

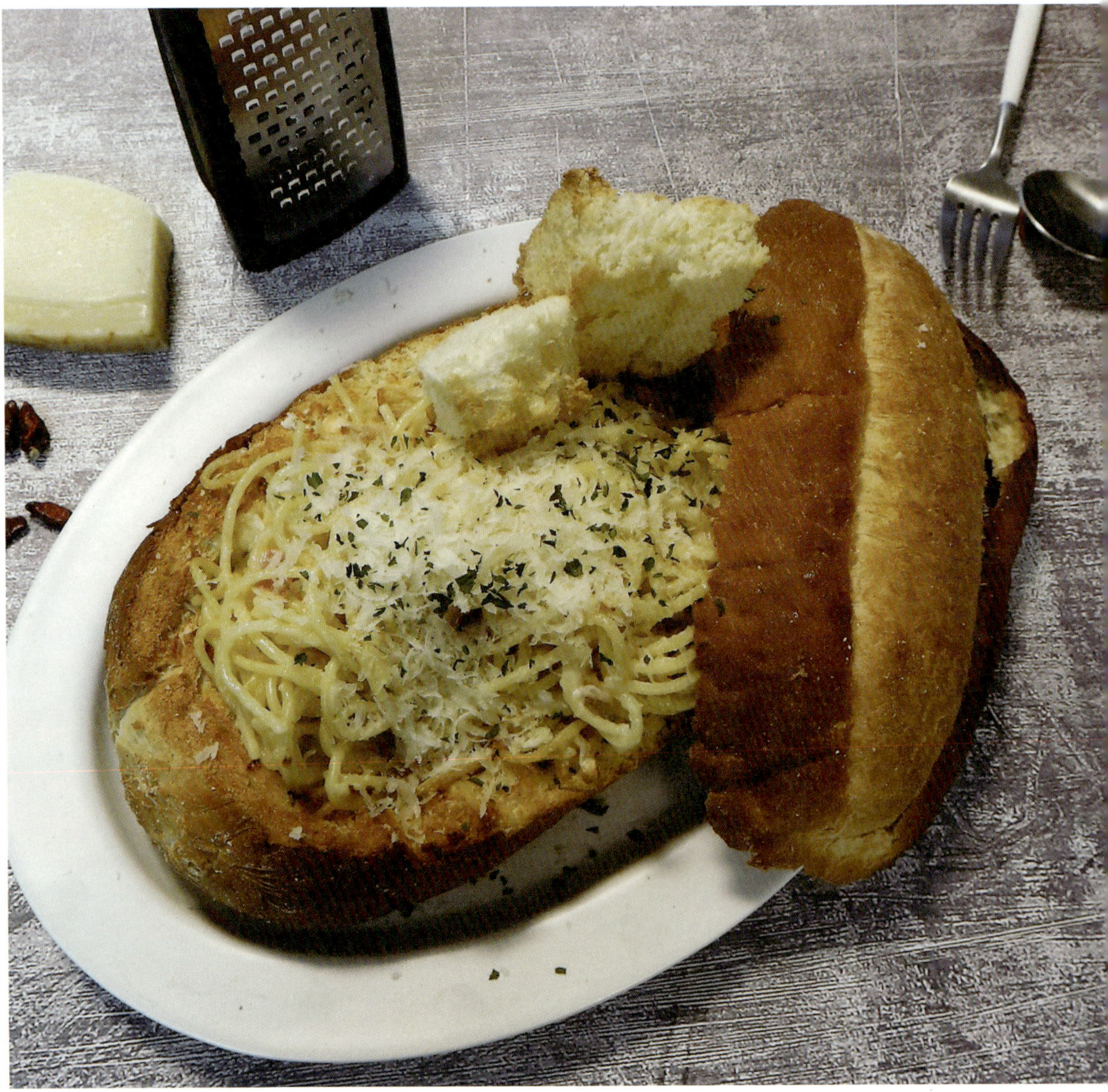

재료 2인분

둥근 바게트 1개 약 300g
삶은 파스타 250g
베이컨 1줄
마늘 1개
양파 1/2개
버터 10g
시판 크림파스타 소스 280g
우유 4큰술

1

바게트의 1/3 지점을 잘라 주세요.

2

윗부분은 뚜껑으로 사용하고, 아랫부분은 파서 그릇을 만들어요.

3

양파와 베이컨은 채썰고, 마늘은 편썰기하여 버터를 넣고 180℃에서 10분, 뒤집어서 10분 구워 주세요.

4

그릇에 삶은 파스타, 크림파스타 소스, 3을 넣고 섞어요.

더욱 맛있게 완성된 후에 파르메산 치즈와 파슬리 가루를 얹어 보세요!

5

바게트 그릇 안에 4를 넣고 170℃에서 5분, 뒤섞어서 5분 더 구워 주세요.

Part 2
특별한 날에 곁들이면 좋을 사이드 요리

# RECIPE

둘둘 말아~
햄치즈가지롤

 소요시간
에프 20분 | 전체 30~40분

 세팅방법
바스켓

재료 2인분

가지 1개
슬라이스 햄 4장
슬라이스 치즈 3장
소금 1큰술

1
가지를 0.5cm 두께로 편썰기한 후, 소금을 골고루 뿌려 줍니다.

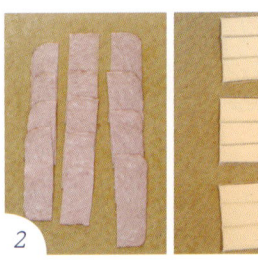

2
슬라이스 햄과 슬라이스 치즈를 3등분해 주세요.

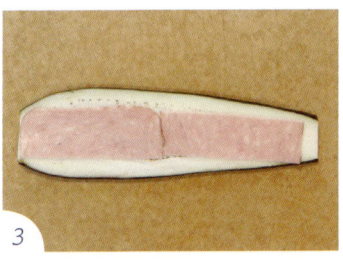

3
가지의 숨이 죽으면 그 위에 햄을 2조각 올려요.

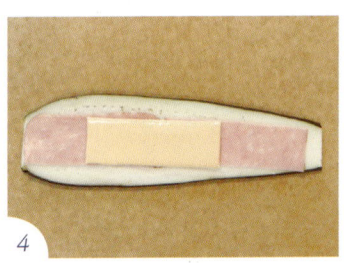

4
그 위에 치즈 조각을 올려 주세요.

더욱 맛있게 스리라차 소스를 뿌려 먹으면 더욱 맛있어요~

5
잘 말아서 180°C로 15분, 뒤집어서 5분 더 구워요.

Tip 가지의 좁은 부분부터 말아서 이쑤시개로 꽂아 주면 편해요.

시칠리아식 가지볶음
베지카포나타

 소요시간
에프 10분 | 전체 45~50분

 세팅방법
베이킹팬

재료 2인분

가지 1/2개약 100g
주키니호박 1/2개약 100g
양파 1/4개약 50g
당근 1/4개약 50g
그린 올리브 4알
방울토마토 4알
올리브유 2큰술
토마토소스 4큰술
식초 2큰술
소금 약간

잠깐 상식
카포나타는 이탈리아 남단에 위치한 시칠리아 지방의 전통 음식으로, 가지를 주재료로 각종 채소를 함께 볶아 먹는 요리입니다.

1
주키니호박과 가지는 1cm 길이로 깍둑썰기합니다.

2
깍둑썰기한 호박과 가지에 소금을 약간 뿌리고 30분 후 물기를 짜내요.

3
당근은 깍둑썰기로, 올리브와 방울토마토는 반으로, 양파는 얇게 썰어 준비합니다.

4
베이킹팬에 올리브유 1큰술과 양파를 먼저 넣고, 그 위로 당근, 올리브, 호박, 가지를 올려서 200℃로 5분 익혀요.

더욱 맛있게 취향에 따라 파르메산 치즈를 뿌리거나 바게트빵에 올려 먹어도 좋아요.

5
식초 2큰술, 올리브유 1큰술, 토마토소스 4큰술을 넣어요.

6
채소가 부서지지 않게 잘 섞은 다음, 200℃에서 3~5분 더 익혀 줍니다.

Tip 채소가 타지 않도록 중간중간 꺼내어 확인합니다.

영양 만점!
두부토마토카나페

 소요시간
에프 25분 | 전체 35~40분

 세팅방법
종이 포일

 재료 2인분
두부 1모 400g
방울토마토 4알
슬라이스 치즈 4장
새싹채소 약간

소스
시판 타르타르 소스

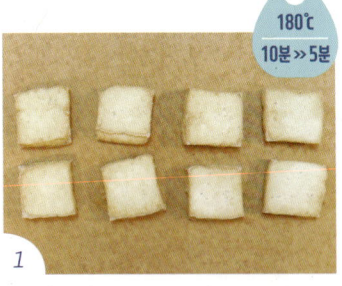

1
두부를 가로 4등분, 세로 2등분으로 잘라서 180℃에서 10분, 뒤집어서 5분 구워요.

Tip 두부는 키친타올에 올려놓고 물기를 제거하여 사용합니다.

2
방울토마토도 반으로 잘라서 160℃에서 10분 구워 주세요.

3
구운 두부 위에 4등분한 슬라이스 치즈, 토마토, 새싹채소, 타르타르 소스를 순서대로 올려 냅니다.

호박 안 먹는 아이들에게 강추!!
애호박두부구이

소요시간
에프 25분 | 전체 35~40분

세팅방법
종이 포일

재료 2인분
- 두부 1/2모 200g
- 애호박 100g
- 소금 1/2큰술
- 새싹채소 약간
- 오일 약간

소스
오리엔탈 소스
- 올리브유 2큰술
- 간장 2큰술
- 식초 2큰술
- 레몬즙 1작은술
- 설탕 1큰술
- 올리고당 1큰술
- 다진 마늘 1큰술
- 후추 약간

1
두부를 6조각으로 잘라서 180℃에서 10분, 뒤집어서 5분 구워요.

Tip 두부는 키친타올에 올려놓고 물기를 제거하여 사용합니다.

2
애호박을 새끼손가락 길이로 잘라서 소금간을 한 다음, 오일 스프레이로 코팅하여 180℃에서 5분, 뒤집어서 5분 구워요.

3
구운 두부와 구운 호박, 새싹채소를 순서대로 올리고 오리엔탈 소스를 뿌려 냅니다.

건강하게 한 쌈~ 간편하게 한 쌈~
양배추쌈밥

 소요시간
에프 3분 | 전체 15~20분

 세팅방법
스테인리스 그릇

재료 2인분
깨 섞은 밥 300g
양배추 1/4통약 200g
잣 1작은술
호박씨나 땅콩으로 대체 가능

소스
쌈장 소스
└ 시판 쌈장 1큰술
└ 아몬드 슬라이스 1작은술

memo 양배추 다듬는 법

양배추 심지를 제거합니다.

두꺼운 줄기 부분은 비스듬히 잘라내요.

1
양배추를 손질한 다음, 잎 사이사이에 물 1큰술씩 뿌리면서 스테인리스 그릇에 담아요.
Tip 양배추는 심지와 두꺼운 줄기를 다듬고 한 잎씩 떼어서 씻어요.

200℃ 3분
2
종이 포일로 그릇을 덮은 후 200℃에서 3분 익혀 줍니다.
Tip 양배추가 익을 동안 분량의 쌈장과 아몬드 슬라이스로 쌈장 소스를 만들어 주세요.

3
익힌 양배추를 여러 장 잇듯이 겹쳐 놓아요.

4
그 위로 볶은 깨를 섞어서 양념한 밥을 길게 올려 줍니다.

5
밥을 돌돌 감싼 다음, 먹기 좋은 크기(약 2cm)로 썰어요.

6
양배추 쌈 위로 쌈장 소스와 잣을 올려서 마무리합니다.

찬밥을 부탁해~
파프리카보트밥

소요시간
에프 20분 | 전체 30~40분

세팅방법
바스켓

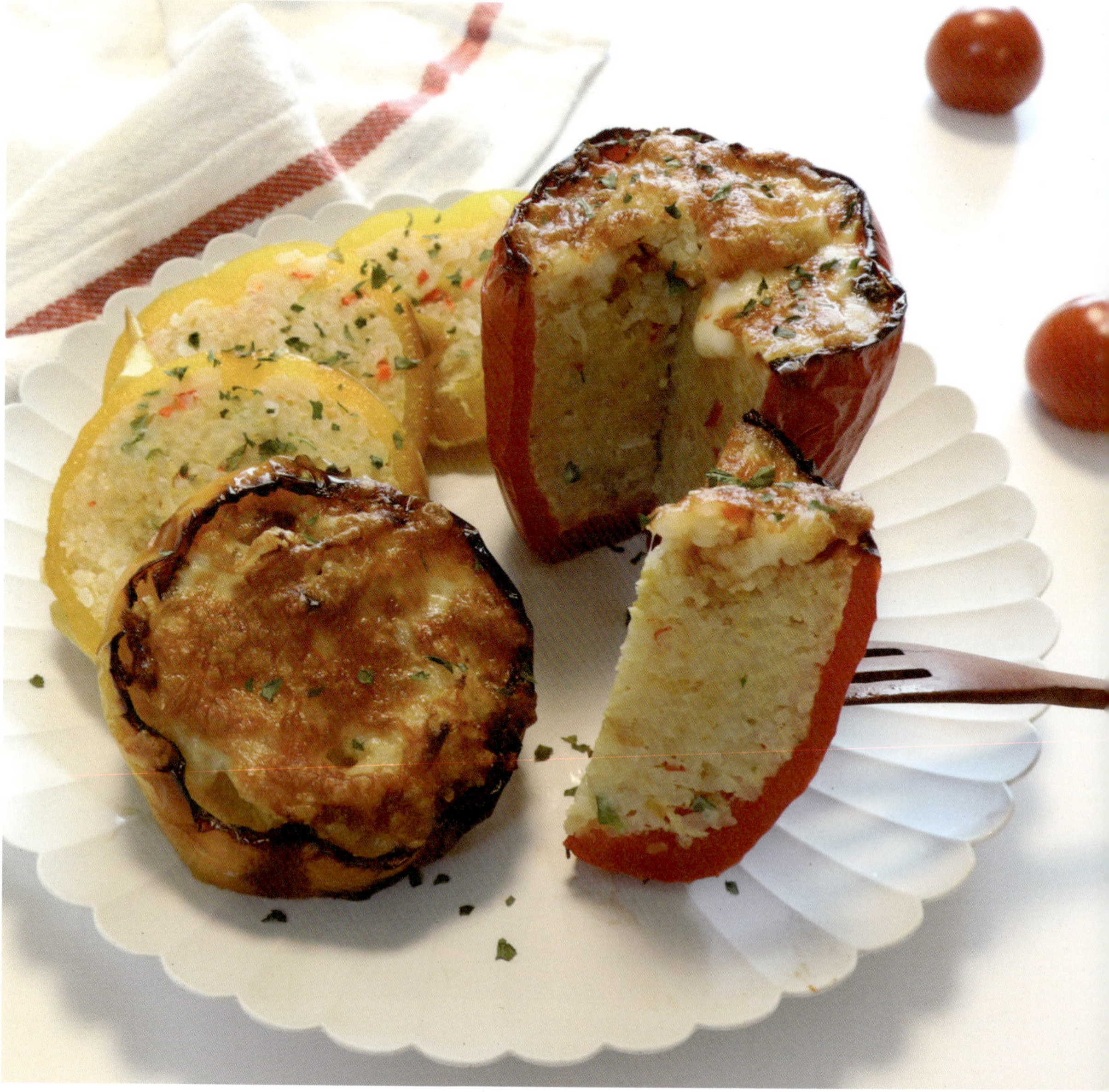

재료 2인분

밥 200g
파프리카 2개약 200g
달걀 2개
다진 대파 1큰술
소금 1/2작은술
간장 1/2작은술
모차렐라 치즈 4큰술

1
파프리카는 윗부분을 자르고 속을 깨끗이 정리하여 그릇을 만들고, 자투리는 잘게 다져 주세요.

Tip 파프리카 속을 정리할 때는 숟가락을 이용하면 편리합니다.

2
그릇에 달걀 2개와 분량의 소금, 간장을 섞어 달걀물을 만들어요.

3
달걀물에 다진 대파와 밥, 자투리 파프리카를 넣고 밥알이 뭉치지 않도록 잘 섞어요.

4
파프리카 그릇에 3의 반죽을 옮겨 담아요. 이때 그릇의 80% 정도만 담도록 합니다.

더욱 맛있게 취향에 따라 버섯, 파프리카 등 재료를 반죽에 함께 넣어도 좋아요!

5
반죽을 담은 파프리카를 바스켓에 넣고 180℃에서 15분 돌려요.

6
밥을 한 번 섞은 후 모차렐라 치즈를 2큰술씩 올리고, 170℃로 내려 5분 더 돌리면 완성됩니다.

집에서 즐기는 중화요리
중국식배추찜

소요시간
에프 20분 | 전체 25~30분

세팅방법
베이킹팬

재료 2인분
알배추 300g
물 100㎖

소스
중국식 소스
　대파 흰 부분 1/2대
　파프리카 1/2개
　간장 3큰술
　맛술 3큰술
　굴소스 1큰술
　식초 5큰술
　소금 1작은술
　후추 약간
　물 1/2컵

1
알배추를 적당한 크기로 썰어서 베이킹팬에 담고 물 50㎖를 넣어 주세요.

2
알루미늄 포일로 덮고 150℃에서 10분 익혀 주세요. 알배추를 뒤적이고 물 50㎖를 추가한 후, 140℃로 내려서 10분 더 익혀요.

Tip 알루미늄 포일로 덮을 때 완전히 밀봉하지 않도록 합니다.

3
알배추가 다 익으면 중국식 소스를 얹어서 냅니다.

Tip 중국식 소스는 알배추가 익는 동안 만들어 주세요.

소요시간
에프 15분 | 전체 20~25분

세팅방법
종이 포일

놓자마자 순삭!
방울토마토베이컨말이

재료 2인분
방울토마토 12개
베이컨 12줄 10cm 길이
대파 8조각 5cm 길이

1
베이컨을 길이로 반을 잘라요.

2
1의 베이컨으로 방울토마토를 감싸 주세요. 이때 꼭지 부분이 보이지 않도록 합니다.

3
꼬치에 대파와 2의 토마토를 번갈아 꽂은 다음, 180℃에서 10분, 뒤집어서 3~5분 더 구워 주세요.

Tip 중간중간 확인하여 방울토마토가 너무 물러지기 전에 꺼내 주세요.

떡이 있어 든든함 곱절!
소고기떡말이

소요시간
에프 15분 | 전체 50~60분

세팅방법
구멍 있는 종이 포일

재료 2인분

소고기 300g
불고기감으로 준비합니다.
떡볶이떡 100g

소스

불고기 양념
- 간장 2큰술
- 설탕 1큰술
- 올리고당 2큰술
- 다진 파 1큰술
- 다진 마늘 1큰술
- 참기름 1큰술
- 물 1큰술
- 후추 약간
- 깨 약간

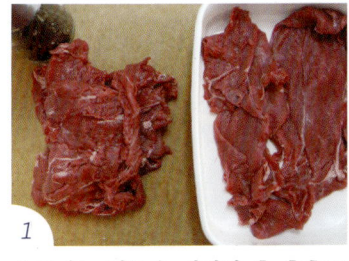

1. 소고기는 핏물을 제거한 후 후추로 밑간을 합니다.

2. 분량의 재료로 만든 불고기 양념에 30분 이상 재어 놓아요.

3. 떡볶이떡은 유장 처리해서 준비하고 5cm 길이로 잘라 주세요.

Tip 유장 처리란, 떡이 딱딱해지거나 눌어붙지 않도록 참기름과 간장을 2:1 비율로 버무려 주는 것입니다.

4. 재어 놓은 불고기 위에 떡을 올려서 말아 주세요.

5. 꼬치에 3개씩 꽂아 준 다음, 160℃에서 10분, 뒤집어서 5분 구워 주세요.

달콤짭조름한
고구마새우볼

소요시간
에프 15분 | 전체 40~45분

세팅방법
종이 포일

재료 2인분
익힌 고구마 500g
양배추 50g
양파 50g
새우 8마리 약 50~60g
우유 약간
소금, 후추 약간

1
익힌 고구마를 으깨고, 양배추와 양파, 새우를 잘게 다져서 그릇에 담아요.

2
우유와 소금, 후추를 약간만 넣어서 섞어 줍니다.

Tip 반죽이 너무 묽으면 전분으로 점도를 맞춰 주세요.

3
반죽을 먹기 좋은 크기로 동그랗게 빚은 다음, 170℃에서 15분 구워 주세요.

더욱 맛있게 고구마새우볼과 타르타르 소스는 최고의 궁합입니다!

소요시간
에프 10분 | 전체 15분

 세팅방법
구멍 있는 종이 포일

재료 2인분
아스파라거스 8대약 20㎝ 길이
페이스트리 생지 2장12×12㎝
파르메산 치즈 50g

먹을수록 예뻐지는
아스파라거스파이

memo 아스파라거스 손질법

아스파라거스를 부드럽게 먹으려면, 식초를 몇 방울 탄 물에 담갔다가 흐르는 물에 씻고 필러로 껍질을 벗겨 주세요. 이때 밑동은 질기므로 3~5㎝ 잘라 냅니다.

1
페이스트리 생지를 4등분으로 잘라요.

2
생지 위에 반으로 자른 아스파라거스와 파르메산 치즈를 올려 주세요.

200℃
6분 » 4분

3
생지를 오므려 감싼 다음, 200℃에서 6분, 뒤집어서 4분 더 구워요.
Tip 아스파라거스를 낮은 온도로 조리하면 물기가 생기므로 온도를 맞춰 주세요.

더욱 맛있게 시판 칠리 소스를 곁들이면 느끼함 없이 상큼하게 먹을 수 있어요.

오늘은 우리집이 브런치 카페
시금치 플랫브레드

소요시간
에프 12분 | 전체 25~30분

세팅방법
바스켓

재료 2인분
또띠아 1장 8인치 크기
시금치 20g
베이컨 1줄

소스
도우 소스
- 꿀 1큰술
- 플레인요거트 1큰술
- 마요네즈 1큰술

토핑 소스
- 다진 토마토 1작은술
- 다진 양파 1작은술
- 올리브유 1작은술
- 식초 1작은술
- 소금, 후추 약간

더욱 맛있게 파르메산 치즈를 뿌려 내면 색감과 향이 더 좋아요.

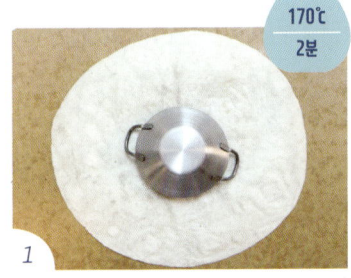

1 또띠아가 열풍에 날리지 않도록 스테인리스 종지로 누른 다음, 예열 없이 170℃로 2분만 돌려요.

Tip 오래 돌리면 부풀어서 열선에 닿을 수 있으니 찬기만 없앤다는 느낌으로 살짝 돌려요.

2 1cm 길이로 자른 베이컨을 180℃로 10분 구워서 베이컨칩을 만들어요.

3 분량의 꿀, 플레인요거트, 마요네즈를 섞어서 도우 소스를 만들고, 구운 또띠아에 발라 주세요.

4 분량의 토마토, 양파에 소금, 후추, 올리브유와 식초를 버무려서 토핑 소스를 만들고, 또띠아에 올려요.

5 구워 놓은 베이컨칩을 조금만 남기고 전부 뿌려 주세요.

6 시금치를 가지런히 올리고, 남은 베이컨칩을 마저 뿌려 줍니다.

아보카도는 구워 먹어야 제맛
아보카도베이컨말이

 소요시간
에프 25분 | 전체 35분

 세팅방법
구멍 있는 종이 포일

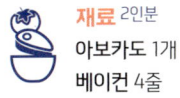

재료 2인분
아보카도 1개
베이컨 4줄

1
아보카도는 씨에 닿도록 칼집을 넣고 비틀어 주세요.

2
아보카도 과육을 반으로 가른 다음, 씨를 제거합니다.

3
껍질을 깨끗이 벗겨요.

4
손질된 아보카도를 4등분해요.

더욱 맛있게 시판 갈릭디핑 소스나 치즈 소스를 뿌리면 더 고소하게 먹을 수 있어요.

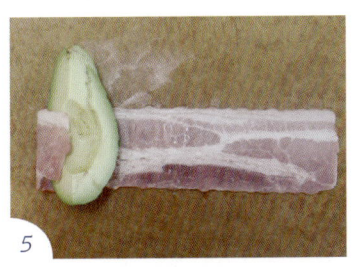

5
아보카도 1조각에 베이컨 1줄을 말아 주세요.

6
구멍 있는 종이 포일에 놓고 180℃에서 15분, 뒤집어서 10분 더 구워요.

Part 3
단 한 잔을 먹어도 솜씨 가득한 안주와 함께

세상에서 제일 고소한 꽃!
베이컨감자꽃

 소요시간
에프 10분 | 전체 20~25분

 세팅방법
머핀틀

재료 2인분
감자 2개 약 300g
베이컨 8줄
소금 1/2작은술
후추 1/2작은술
오일 1/2작은술

1
감자는 껍질을 벗기고 얇게 썬 다음, 10분 이상 물에 담가서 전분기를 제거합니다.

2
물기를 제거한 감자를 분량의 소금, 후추, 오일로 밑간해 주세요.

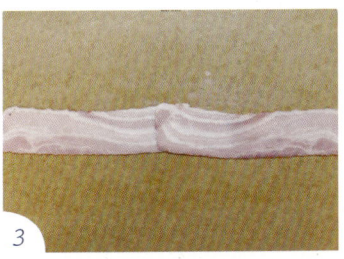

3
베이컨 2줄을 이어서 펼쳐요.

4
그 위로 얇게 썬 감자를 올려 줍니다.

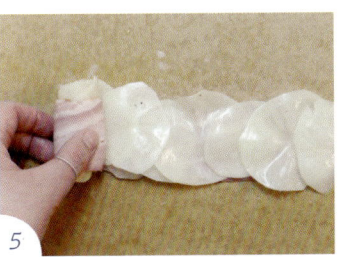

5
끝에서부터 돌돌 말아요.

6
머핀틀에 담고 200℃에서 5분 먼저 구워요. 그다음 머핀틀에서 빼내고 180℃로 내려서 5분 더 구워 주세요.

Tip 감자와 베이컨이 익으면서 머핀틀 바닥에 물이 차기 때문에 중간에 머핀틀에서 빼내야 합니다.

양파를 찾아라!
베이컨양파링

소요시간
에프 15분 | 전체 20~25분

세팅방법
구멍 있는 종이 포일

재료 2인분
양파 1개 약 300g
베이컨 5줄 약 10㎝ 길이
밀가루 3큰술
달걀 1개
빵가루 6큰술
오일 3큰술

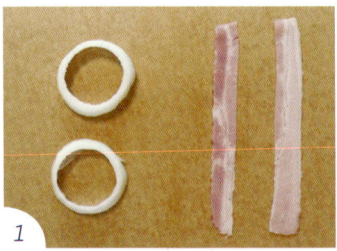

1
베이컨은 길이로 반을 자르고, 양파는 둥근 모양을 살려 2㎝ 두께로 잘라서 링 모양으로 떼 주세요.

2
베이컨으로 양파 테두리를 감싸서 양파링을 만들어요.

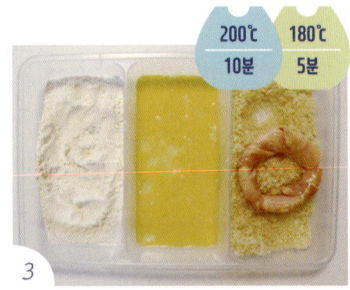

3
양파링에 밀가루 – 달걀물 – 오일빵가루 순서로 튀김옷을 입힌 다음, 200℃에서 10분, 뒤집고 180℃로 내려서 5분 더 구워 주세요.

Tip 달걀물은 달걀만 풀고, 오일빵가루는 빵가루와 오일을 2:1 비율로 섞어요.

오늘은 스맥이다!
스팸스틱

소요시간
에프 25분 | 전체 30분

세팅방법
종이 포일

재료 2인분
스팸 1캔 340g
밀가루 4큰술
달걀 1개
빵가루 8큰술
오일 4큰술

1
뜨거운 물에 데친 스팸을 가로세로로 3등분하여 9조각을 만들어요.

2
스팸 스틱에 밀가루 – 달걀물 – 오일빵가루 순서로 튀김옷을 입혀 줍니다.

Tip 달걀물은 달걀만 풀고, 오일빵가루는 빵가루와 오일을 2:1 비율로 섞어요.

3
종이 포일 그릇에 스팸 스틱을 놓고 180℃에서 15분, 뒤집어서 10분 더 구워 주세요.

가지가 피자도우로 변신!
가지팬피자

소요시간
에프 25분 | 전체 40~45분

세팅방법
베이킹팬

재료 2인분

가지 2개 200g
올리브 3알
양파 1/2개
3색 파프리카 각 10g
슬라이스 햄 4장
모차렐라 치즈 6큰술
토마토소스 4큰술

1

가지는 길이 방향으로 얇게 편썰기 하고, 파프리카와 양파는 잘게 다지고, 올리브는 2~3mm 굵기로 썰어요.

2

베이킹팬에 가지를 촘촘히 깐 다음, 160℃에서 15분 구워요.

3

가지 도우 위에 토마토소스를 발라 줍니다.

4

슬라이스 햄 4장을 깔고 양파를 얹어요.

5

그 위로 파프리카를 올려 주세요.

6

모차렐라 치즈를 듬뿍 넣고 올리브를 뿌려 준 다음, 190℃에서 10분 구워 주세요.

# RECIPE

꼬들꼬들 라면으로 피자를?
라면피자

 소요시간
에프 20분 | 전체 30~35분

 세팅방법
구멍 있는 종이 포일

재료 2인분

라면 1개
햄 50g
양파 1/4개약25g
슬라이스 토마토 4알
파프리카 1/2개약 50g
모차렐라 치즈 100g
콜비잭 치즈 50g생략 가능
토마토소스 4큰술
방울토마토 2알

1
라면은 면을 삶아서 물기를 완전히 제거합니다.

2
구멍 있는 종이 포일 위에 삶은 라면을 깔아 줍니다.

3
200℃에서 5분 구워서 라면 도우를 만들어요.

Tip 도우 모양이 잡혀야 하므로 뒤집지 않아요.

4
라면 도우에 토마토소스를 2큰술 바른 다음 얇게 썬 양파를 올려요.

5
그 위에 햄과 콜비잭 치즈를 올려요.

6
토마토소스를 2큰술 바르고, 모차렐라 치즈, 파프리카, 방울토마토를 올려서 180℃에서 10~15분 구워 줍니다.

Tip 토핑과 치즈의 분량에 따라 시간 조절이 필요해요.

튀기지 않아도 맛있는
올리브핫도그

소요시간
에프 15분 | 전체 20~25분

세팅방법
종이 포일

재료 2인분
그린 올리브 12개
비엔나소시지 6개
페이스트리 생지 2장 12×12cm
달걀 1개

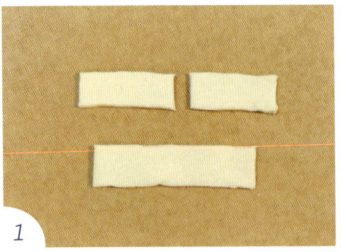

1
페이스트리 생지를 가로세로 2cm, 4cm 크기로 잘라 주세요.

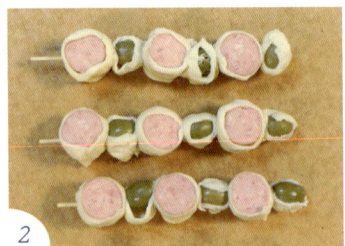

2
페이스트리 생지로 반으로 자른 비엔나소시지와 그린 올리브를 감싼 다음, 꼬치에 번갈아 꽂아요.

3
페이스트리 표면에 달걀물을 바른 다음, 180℃에서 10분, 뒤집어서 5분 구워 주세요.

> **Tip** 달걀물은 노릇한 색감을 위한 것으로, 달걀노른자 1개에 물 1큰술을 섞어 만들어요.

소요시간
에프 13분 | 전체 20~25분

세팅방법
알루미늄 포일 그릇

학창시절 추억 돋는
소시지채소볶음

재료 2인분
비엔나소시지 200g
각종 채소 20g
양파, 파프리카
오일 약간

소스
볶음 소스
- 굴소스 1/2작은술
- 케첩 1.5큰술
- 올리고당 2큰술

1
비엔나소시지는 칼집을 내고, 각종 채소는 사방 1cm 정도로 깍둑썰기합니다.

2
포일 그릇에 준비한 재료를 담고 오일 스프레이로 코팅해 주세요.

3
180℃에서 5분 구운 다음, 볶음 소스에 버무려서 170℃로 4분, 뒤적여서 4분 더 구워 주세요.

Tip 중간에 한 번 뒤적여서 소스가 타지 않도록 합니다.

블루밍어니언

양파꽃이 피었습니다!

소요시간
에프 30분 | 전체 65~70분

세팅방법
종이 포일

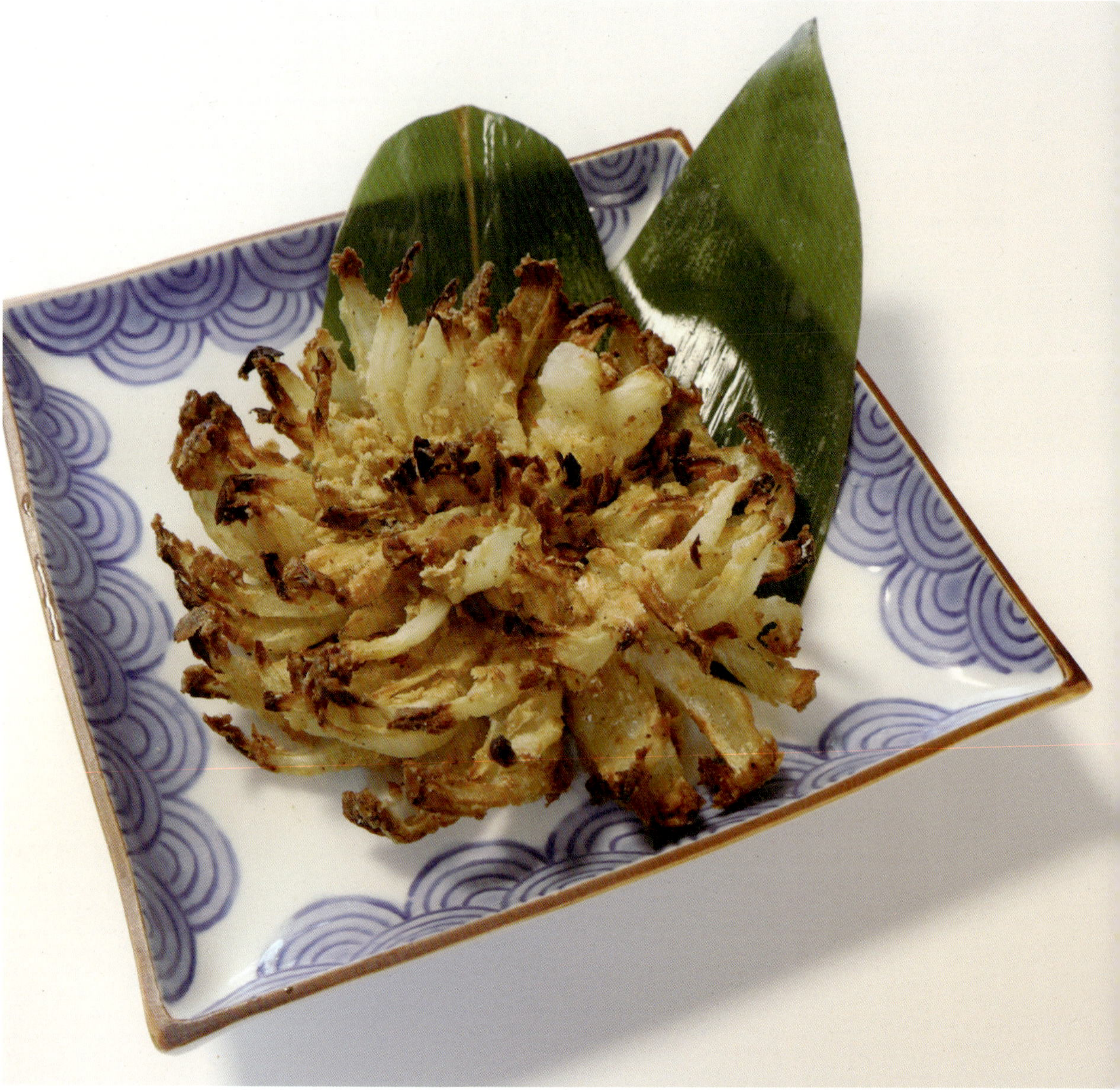

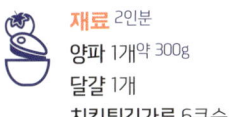

재료 2인분
양파 1개 약 300g
달걀 1개
치킨튀김가루 6큰술

1
양파는 심지를 남겨 놓고 16등분으로 잘라 주세요.

2
찬물에 30분 정도 담가 놓으면 꽃이 피듯 양파가 벌어져요.

3
심지 부분을 가위로 잘라내요.

4
양파는 물기를 뺀 다음, 치킨튀김가루를 입혀 주세요.

Tip 튀김옷이 너무 두꺼워지지 않도록 털어 주며 묻혀요.

5
달걀물을 입혀요. 계속해서 튀김가루와 달걀물을 번갈아 3~4회 더 묻혀 줍니다.

Tip 달걀물은 달걀 1개에 종이컵 1/2컵 분량의 물을 넣어서 만들어요.

6
마지막으로 튀김가루를 묻힌 다음, 종이 포일에 놓고 200℃에서 15분, 뒤집어서 15분 구워 주세요.

Tip 중간중간 열어서 양파의 모양을 잡아 주세요.

한입 피자로 즐기는
양파치즈전

소요시간
에프 20분 | 전체 25~30분

세팅방법
종이 포일

재료 2인분
양파 1개약 200g
다진 베이컨약 300g
모차렐라 치즈약 100g
토마토소스 2큰술

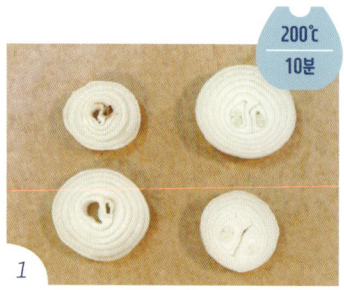

1
양파는 둥근 모양을 살려 4등분 한 후, 200℃에서 10분 구워요.

2
구운 양파 위에 토마토소스를 바른 다음, 베이컨을 잘게 다져서 올려요.

3
마지막으로 모차렐라 치즈를 올린 다음, 180℃에서 10분 구워서 완성합니다.

소요시간
에프 12분 | 전체 20~25분

 세팅방법
종이 포일

소떡? 아니 새떡!
새우떡꼬치

 재료 2인분
새우 4마리
떡볶이떡 16개약 5㎝ 길이
오일 약간

 소스
고추장 소스
　고추장 1작은술
　케첩 1작은술
　간장 1작은술
● 청주 1작은술
　다진 마늘 1작은술
　설탕 1큰술
　물엿 2큰술

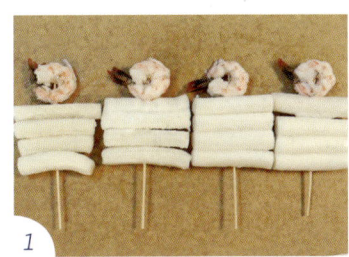

1

손질한 새우를 끓는 물에 데친 다음, 떡 4개, 새우 1마리 순서로 꽂아요.

Tip 떡은 데치지 않고 사용합니다.

2

재료가 타지 않도록 오일로 코팅한 다음, 200℃에서 7분, 뒤집어서 5분 구워요.

Tip 떡과 새우는 금세 딱딱해지므로 오래 굽지 않도록 합니다.

3

분량의 재료를 약한 불로 걸쭉하게 끓여서 고추장 소스를 만들고, 꼬치에 발라서 냅니다.

Tip 맵지 않게 먹으려면 어묵떡꼬치 (105p)의 간장 소스를 만들어요.

더욱 맛있게 떡꼬치는 소스를 발라서 바로 먹어야 딱딱하지 않고 맛있게 먹을 수 있어요.

정종과 잘 어울리는
문어꼬치

 소요시간
에프 15분 | 전체 25~30분

 세팅방법
종이 포일

재료 2인분
문어 1마리 약 200g
대파 1/2대
버터 20g
가쓰오부시 약간

소스
데리야끼 소스
　굴소스 2큰술
　케첩 1큰술
　맛술 1큰술
　설탕 1큰술
　올리고당 1큰술
　다진 마늘 1작은술
　생강즙 1작은술 생략 가능
　물 1큰술
마요네즈

1

문어는 삶아서 5cm 길이로 자르고, 대파도 반으로 갈라 같은 길이로 잘라 주세요.

2

꼬치에 대파와 문어를 번갈아 꽂아 줍니다.

3

버터를 녹여서 꼬치 앞뒤로 바른 다음, 180℃에서 10분 굽고, 뒤집어서 3~5분 구워요.

4

분량의 재료로 데리야끼 소스를 만들어 발라 주세요.

Tip 시판 돈가스 소스를 발라도 됩니다.

5

그 위로 마요네즈를 발라요.

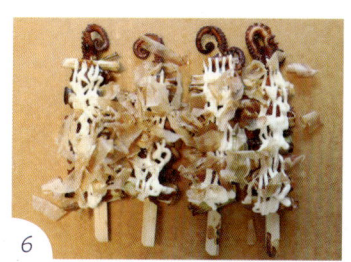

6

마지막으로 가쓰오부시를 뿌려 냅니다.

아삭아삭 양배추 씹히는 맛
양배추부침

소요시간
에프 13분 | 전체 25~30분(육수 제외)

세팅방법
베이킹팬

재료 2인분
양배추 약 100g
다진 쪽파 2큰술
양파 1/4개
어묵 1장
부침가루 1컵
당근 20g
달걀 2개
베이컨 3줄
가쓰오부시 2줌
오일 약간

소스
부침개 소스
  돈가스 소스 5큰술
  케첩 2큰술
마요네즈

1
가쓰오부시 1줌을 뜨거운 물 250㎖에 1시간 정도 담갔다가 체에 걸러서 육수를 만들어요.

2
양배추, 양파, 당근, 어묵은 채썰고, 다진 쪽파와 함께 그릇에 담아요.

3
여기에 분량의 부침가루와 달걀, 1의 가쓰오부시 육수를 넣고 버무려요.

4
베이킹팬에 오일을 두르고 반죽을 담아서 180℃로 5분 구워요.

5
그 위에 베이컨을 잘라서 올리고 180℃에서 8분 더 구워요.

6
부침개 소스와 마요네즈를 지그재그로 뿌리고, 가쓰오부시와 다진 쪽파를 올려서 마무리합니다.

5분 땡! 하면 피자 완성
또띠아치즈피자

소요시간
에프 5분 | 전체 10분

세팅방법
구멍 있는 종이 포일

재료 2인분
또띠아 2장
모차렐라 치즈 100g
콜비잭 치즈 40g 생략 가능

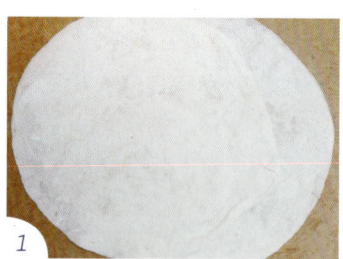

1
또띠아 2장을 준비합니다. 냉동 상태라면 상온에서 자연 해동해 주세요.

2
구멍 있는 종이 포일에 또띠아 1장을 놓고, 그 위에 모차렐라 치즈를 약 30g 올려요.

3
또띠아 1장을 더 올리고 남은 치즈를 모두 토핑한 다음, 160℃에서 5분 구워요.

더욱 맛있게 고르곤졸라처럼 꿀을 찍어 먹어 보세요.

냉동치킨의 이토록 멋진 변신
치즈치킨

소요시간
에프 15분 | 전체 30~35분

세팅방법
알루미늄 포일 그릇

재료 2인분
냉동치킨 300g
모차렐라 치즈 300g

1
냉동치킨과 모차렐라 치즈는 상온에서 20분 해동합니다.

2
냉동치킨을 알루미늄 포일 그릇에 넣고 180℃에서 10분 구워요.

3
치즈를 올리고 160℃로 내려서 5~6분 구워 줍니다.

더욱 맛있게 시판 머스타드 소스나 갈릭디핑 소스에 찍어 드세요.

Part 4
엄마 마음을 듬뿍 담은 영양 간식

감자치즈크로켓

핑거 푸드로 딱!

소요시간
에프 10분 | 전체 25~30분

세팅방법
종이 포일

재료 2인분

익힌 감자 2개 약 300g
파슬리 1작은술
소금 1/2작은술
우유 1큰술
슬라이스 치즈 2장
밀가루 2큰술
달걀 1개
빵가루 6큰술
오일 3큰술

1 푹 익힌 감자를 포크로 으깨 주세요.

2 으깬 감자에 분량의 파슬리, 소금, 우유를 넣고 잘 섞어 주세요.

3 반죽에 슬라이스 치즈를 넣고 한 번 더 섞어요.

Tip 치즈를 자르면서 섞어 주세요.

4 먹기 좋게 스틱 모양으로 빚어요.

5 스틱 감자에 밀가루 – 달걀물 – 오일 빵가루 순서로 튀김옷을 입혀 줍니다.

Tip 달걀물은 달걀만 풀고, 오일빵가루는 빵가루와 오일을 2:1 비율로 섞어요.

6 종이 포일에 놓고 180℃에서 10분 구워 주세요.

180℃ 10분

한 장 한 장 뜯어 먹는 재미!
베이컨치즈감자구이

소요시간
에프 20분 | 전체 30~35분

세팅방법
종이 포일

재료 2인분

살짝 익힌 감자 3~4개
전자레인지에서 7분 돌려요

슬라이스 치즈 3장

베이컨 3줄

버터 40g

소금, 후추, 파슬리 약간

1

나무젓가락 사이에 살짝 익힌 감자를 놓고 0.5~1cm 간격으로 0.5cm 남기고 깊게 칼집 냅니다.

Tip 나무젓가락을 놓고 썰면 감자가 완전히 갈라지는 걸 막아 줍니다.

2

분량의 버터를 녹인 다음, 소금과 후추를 섞어 주세요.

Tip 버터를 그릇에 담고 랩을 씌워서 전자레인지에 30초 돌려 녹여요.

3

슬라이스 치즈는 가로 3cm로 6등분 하고, 베이컨도 같은 크기로 잘라 주세요.

4

칼집 낸 감자 사이사이에 2의 버터를 발라요.

180℃
20분

5

치즈와 베이컨을 감자 사이사이에 번갈아 넣은 다음, 180℃에서 20분 익혀 줍니다.

식감이 예술이야~
알감자구이

 소요시간
에프 15분 | 전체 30분

 세팅방법
종이 포일 그릇

 재료 2인분
감자 2개약 500g
버터 10g
소금 1큰술
설탕 1큰술
파슬리 약간

1
종이컵 2컵 분량의 물에 소금, 설탕을 1큰술씩 섞어서 깍둑썰기한 감자를 10분 이상 담가 놓아요.

Tip 감자는 가로세로 2~3cm 길이로 썰어 주세요.

2
감자를 키친타올 위에 건져 놓고 물기를 제거합니다.

180℃
5분 ≫ 10분

3
종이 포일 그릇에 감자, 버터, 파슬리를 넣고 180℃로 5분 돌려서 버터를 녹인 다음, 전체적으로 뒤섞어서 10분 더 익혀 줍니다.

소요시간
에프 45분 | 전체 50분

세팅방법
종이 포일 그릇

찜질방 맥반석 달걀 스타일로
구운달걀

재료 2인분
달걀 5개

1
종이 포일 위에 달걀을 놓고 양옆을 꼬아서 감싸 줍니다.

2
120℃에서 10분, 130℃로 올려서 15분, 150℃로 올려서 20분 구워요.

3
껍질이 잘 벗겨지도록 찬물에 담갔다 빼 주세요.

절대 탈 일 없는
군고구마

소요시간
에프 40분 | 전체 45분

세팅방법
종이 포일로 감싸서

재료 2인분
고구마 5개약 500g

1
고구마를 깨끗이 씻어 줍니다.

2
포크로 콕콕 찍어 구멍을 내요.

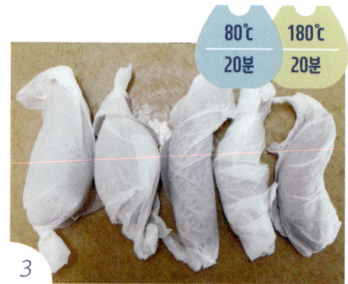

3
물기가 남은 상태에서 종이 포일로 하나씩 감싼 다음, 80℃에서 20분, 180℃로 올려서 20분 구워요.

소요시간 에프 40분 | 전체 45분

 세팅방법 종이 포일로 감싸서

패밀리레스토랑 인기 메뉴가 짠!
허니버터고구마

 재료 2인분
고구마 2개 각 200g
버터 20g 10g 포션 2개
설탕 1큰술
꿀 1큰술

1
깨끗이 씻은 고구마를 물기가 있는 상태에서 종이 포일로 감싼 후 80℃에서 20분, 180℃로 올려서 20분 구워 줍니다.

2
다 구워진 고구마를 반으로 갈라서 꿀을 넣어요.
Tip 완전히 반을 자르지 않고 벌린다는 느낌으로 합니다.

3
버터 1개, 설탕 1/2큰술을 각각 넣어 줍니다.

더욱 맛있게 시나몬 가루를 살짝 뿌려 주면 고구마의 풍미가 깊어집니다.

고구마를 더욱 달콤하게 즐기는 방법
아코디언고구마

 소요시간
에프 20분 | 전체 30분

 세팅방법
바스켓

재료 2인분

고구마 2개 약 400g
버터 20g
오일 2큰술
설탕 1큰술
시나몬 가루 1작은술 생략 가능

1

나무젓가락 사이에 고구마를 놓고 0.5~1cm 간격으로 0.5cm 남기고 깊게 칼집 냅니다.

Tip 나무젓가락을 놓고 썰면 고구마가 완전히 갈라지는 걸 막아 줍니다.

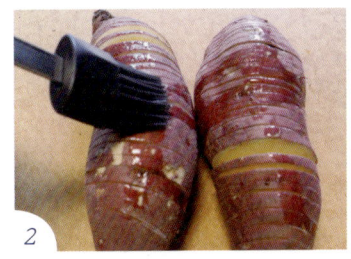

2

실리콘 브러쉬로 고구마 표면과 칼집 사이사이에 오일을 발라 주세요.

3

분량의 버터를 녹여서 설탕과 섞어 줍니다.

4

오일 바른 고구마에 3을 꼼꼼히 바른 다음, 200℃에서 18~20분 구워 주세요.

5

다 구워지면 시나몬 가루를 뿌려서 마무리합니다.

기름기는 낮추고, 맛은 올리고~
고구마맛탕

 소요시간
에프 30분 | 전체 40~45분

 세팅방법
종이 포일 그릇

재료 2인분

고구마 5개약 400g
오일 약간
올리고당 1큰술
검은깨 1작은술

1

고구마는 깨끗이 씻어서 가로세로 5cm로 깍둑썰기합니다.

2

물에 10분 이상 담가서 전분기를 없애 주세요.

3

키친타올에 건져 놓고 물기를 제거한 다음, 비닐봉지에 오일을 함께 넣고 섞어요.

4

180℃
20분 » 10분

종이 포일 그릇에 옮겨 담고 180℃에서 20분, 뒤섞어서 10분 더 돌려요.

5

다 익은 고구마에 올리고당을 뿌려서 섞어 줍니다.

6

마지막으로 검은깨를 뿌려 섞으면 완성됩니다.

달콤함이 톡 터진다!
옥수수맛탕

 소요시간
에프 15분 | 전체 25~30분

 세팅방법
알루미늄 포일 그릇

재료 2인분

캔 옥수수 300g
달걀 1개
튀김가루 1컵
오일 1/2컵
올리고당 4큰술
설탕 약간

1
캔 옥수수를 반은 다지고 반은 그대로 이용합니다.

2
그릇에 준비한 옥수수와 달걀노른자 1개, 분량의 튀김가루, 오일을 넣고 섞어 주세요.

3
반죽을 먹기 좋은 크기로 동그랗게 뭉쳐요.

4
알루미늄 포일 그릇에 3을 올린 다음, 올리고당 2큰술을 끼얹고 180℃에서 10분 구워 주세요.

5
올리고당 2큰술을 더 끼얹고 170℃로 내려서 5~7분 더 구워요.

6
설탕을 뿌려서 마무리합니다.

RECIPE

눈 건강까지 책임지는
단호박에그슬럿

소요시간
에프 35분 | 전체 45분

세팅방법
바스켓 빼고 재료째

재료 2인분
단호박 1개 약 400g
달걀 1개
슬라이스 치즈 1장
베이컨 1~2줄
각종 치즈

1
종이 포일로 단호박 아래를 감싼 다음, 바스켓 빼고 단호박째 넣고 200℃로 10분 익혀요.

Tip 전자렌지에 익히면 빨리 익는 대신 수분이 많이 나와요.

2
윗부분을 잘라서 씨를 발라냅니다.

3
단호박 속에 슬라이스 치즈를 제외한 각종 치즈와 베이컨을 넣어요.

4
달걀과 치즈를 더 채워 주세요.

5
180℃에서 10분, 150℃로 내려서 15분 더 구워요.

Tip 바스켓 빼고 단호박째로 넣어서 열선과 너무 가깝지 않도록 합니다.

6
슬라이스 치즈를 올려서 마무리합니다.

가장 만만한 간식
뽀빠이건빵

소요시간
에프 20분 | 전체 25분

세팅방법
종이 포일 그릇

재료 2인분
라면 사리 1개 100g
건빵 1봉 70g
설탕 1큰술
버터 10g

1
라면 사리를 비닐봉지에 넣고 적당한 크기로 부숴요.

2
종이 포일로 오목하게 그릇을 만들고 부순 라면과 건빵, 버터를 넣어요.

3
설탕 1큰술을 넣은 다음, 160℃에서 10분, 뒤적여서 10분 더 구워요.

더욱 맛있게 꿀을 뿌려 먹어도 맛있어요.

소요시간
에프 10분 | 전체 15분

세팅방법
종이 포일 그릇

프라이팬에 달달 볶아 먹던 그 맛
꼬소떡구이

재료 2인분
떡볶이떡 400g
떡국떡 가능
참기름 1큰술

1
비닐봉지 안에 떡볶이떡과 참기름을 넣어요.

2
비닐봉지에 바람을 가득 채우고 흔들어 주세요.

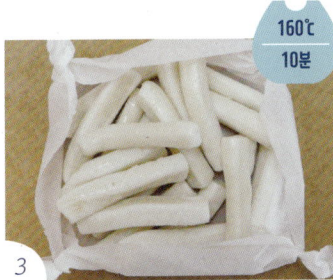

3
종이 포일 그릇에 담고 160℃에서 10분 구워요.

더욱 맛있게 조청과 잘 어울려요.

호떡잼믹스로 만드는
꿀떡볶이

 소요시간
에프 8분 | 전체 15분

 세팅방법
종이 포일

 재료 2인분
떡국떡 300g
호떡잼믹스 50g
버터 10g

1
떡국떡에 버터를 잘라 넣고 130℃로 3분 돌려서 버터를 녹여요.

Tip 떡국떡이 떡볶이떡보다 얇아서 빨리 익고 맛이 잘 배어들어요.

2
떡국떡을 뒤섞어서 버터를 골고루 입혀 줍니다.

3
분량의 호떡잼믹스를 넣고 버무린 다음, 160℃에서 5분 구워 주세요.

소요시간
에프 10분 | 전체 25~30분

 세팅방법
종이 포일 그릇

간장떡볶이를 꼬치로 즐겨요!
어묵떡꼬치

 재료 2인분
가래떡 2줄약 200g
사각어묵 2장
참기름 1큰술
간장 1/2큰술

 소스
간장 소스
　돈가스 소스 3큰술
　간장 1큰술
　참기름 1큰술
　올리고당 2큰술
　설탕 1큰술
　맛술 1큰술
　케첩 2큰술
　다진 마늘 1작은술

1

가래떡은 어묵 1/2 길이로 자르고 한 번 삶아서 유장 처리합니다.

Tip 유장 처리란, 떡이 딱딱해지거나 눌어붙지 않도록 참기름과 간장을 2:1 비율로 버무려 주는 것입니다.

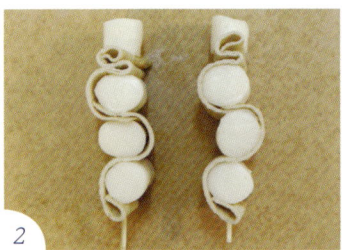

2

사각어묵은 반을 잘라서 한 번 데쳐내고, 어묵과 떡을 번갈아 꼬치에 끼워 주세요.

Tip 꼬치 시작 부분은 어묵을 안으로 접고, 끝 부분은 떡을 꽂아 어묵이 풀리지 않게 합니다.

3

간장 소스를 바른 다음, 160℃에서 5분, 뒤집어서 5분 더 구워서 마무리합니다.

Tip 맵게 먹으려면 새우떡꼬치(77p)의 고추장 소스를 만들어요.

105

숨은 달걀 찾기!
어묵달걀튀김

 소요시간
에프 15분 | 전체 30~35분

 세팅방법
종이 포일

재료 2인분

찐 달걀 4개
사각어묵 2장
밀가루 2큰술
달걀 1개
빵가루 4큰술
오일 2큰술

1
어묵을 반으로 나눠요.

2
찐 달걀을 어묵으로 감싸서 꼬치에 2개씩 꽂아 줍니다.

3
꼬치에 밀가루를 묻혀요. 이때 어묵과 달걀 사이사이 빠짐없이 잘 묻혀야 합니다.

4
달걀물을 입혀요.

Tip 달걀물은 달걀만 풀어서 만들어요.

5
마지막으로 오일빵가루를 골고루 묻혀 줍니다.

Tip 오일빵가루는 빵가루와 오일을 2:1 비율로 섞어요.

6
튀김옷을 다 입히면 170℃에서 10분, 뒤집어서 5분 더 구워요.

RECIPE

엄마표 간식 No 1.
두부핫도그

소요시간
에프 10분 | 전체 20~25분

세팅방법
종이 포일

재료 2인분

두부 300g
찹쌀가루 1큰술
후랑크소시지 3줄
<small>비엔나소시지 9개를 자르지 않고 사용할 수 있어요.</small>

밀가루 3큰술
달걀 2개
빵가루 6큰술
오일 3큰술
파슬리 약간
부침가루 약간

1 두부를 볼에 넣고 으깬 다음, 면포로 물기를 짜내요.

2 1의 두부에 찹쌀가루를 1큰술 넣어 찰기를 더합니다.

Tip 부침가루나 전분으로 대체할 수 있어요.

3 반죽한 두부를 9덩이로 나누고, 소시지는 3등분하여 9개를 준비합니다.

4 소시지는 3등분하여 꼬치에 꽂고 부침가루를 묻혀서 두부로 감싸요.

Tip 소시지와 두부가 겉돌지 않도록 부침가루를 묻혀요.

5 밀가루 - 달걀물 - 오일빵가루 순서로 튀김옷을 입혀 줍니다.

Tip 달걀물은 달걀만 풀고, 오일빵가루는 빵가루와 오일을 2:1 비율로 섞어요. 파슬리가루를 약간 넣어 색감을 살리면 좋답니다.

6 180℃에서 8분, 뒤집어서 2분 더 구워요.

하나를 먹여도 바른 먹거리로~
라이스핫도그

소요시간
에프 15분 | 전체 30~35분

세팅방법
종이 포일

재료 2인분

밥 200g
비엔나소시지 6개
모차렐라 치즈 3큰술
주먹밥 양념 9g
시판 밥이랑 1포 분량
달걀 1개
빵가루 6큰술
오일 3큰술

1
그릇에 밥과 주먹밥 양념을 넣고 잘 버무립니다.

2
랩 위에 양념밥 두 숟가락을 펼쳐요.

3
밥 위로 모차렐라 치즈 1/2큰술을 올려요.

4
그 위로 비엔나소시지를 올려 주세요.

Tip 비엔나소시지는 뜨거운 물로 한 번 데쳐서 준비합니다.

5
랩째로 소시지를 밥으로 감싸서 타원형으로 만들어요.

6
달걀물과 오일빵가루를 입혀서 200℃로 10분, 뒤집어서 5분 더 구워요.

Tip 달걀물은 달걀만 풀고, 오일빵가루는 빵가루와 오일을 2:1 비율로 섞어요.

사르르 녹는 마성의 간식!
바나나튀김

소요시간
에프 22분 | 전체 30분

세팅방법
종이 포일

재료 2인분
바나나 3개
올리고당 3큰술
만두피 9장
오일 1큰술
달걀 1개

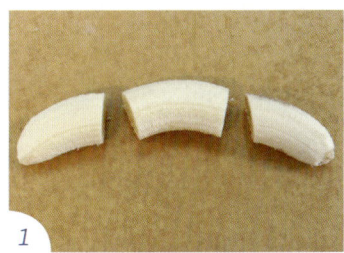

1
바나나는 3등분하여 준비합니다.

2
만두피에 물을 묻힌 다음, 테두리에 달걀물을 묻혀 주세요.

Tip 달걀물은 달걀노른자 1개에 물 1큰술을 섞어 만들어요.

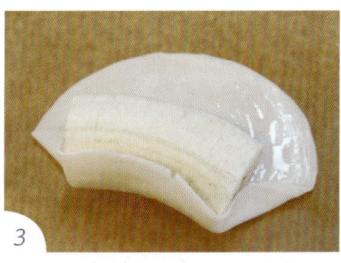

3
그다음 바나나를 만두피에 올려서 감싸 줍니다.

180℃
10분 » 5분

4
만두피로 감싼 바나나에 오일을 묻힌 다음, 180℃에서 10분, 뒤집어서 5분 더 구워 주세요.

Tip 비닐봉지에 오일과 바나나를 넣고 살살 흔들어 주세요.

더욱 맛있게 구운 바나나는 시간이 지나면 약간 신맛이 나므로 따듯할 때 먹어야 해요. 초콜릿잼을 곁들여 먹으면 맛이 좋아요.

170℃
7분

5
초벌구이한 바나나에 올리고당 3큰술을 골고루 끼얹고 170℃로 내려 7분간 구워 줍니다.

113

Part 5
우리집 반찬엔 뭔가 특별한 게 있다

기름기 쫙 뺀
대패삼겹살샐러드

소요시간
에프 15분 | 전체 20~25분

세팅방법
종이 포일

재료 2인분
대패삼겹살 400g
파채 150g
소금, 후추 약간

소스
참소스

간장 2큰술
식초 3큰술
물 4큰술
탄산수 2큰술
사이다나 물로 대체 가능
설탕 1큰술

1
대패삼겹살은 소금과 후추로 밑간 해 주세요.

180℃
10분 » 5분

2
종이 포일에 옮겨 담고 180℃에서 10분, 뒤집어서 5분 구워요.

Tip 바스켓에 그대로 굽거나 구멍 있는 종이 포일을 쓰면 타거나 말라요. 촉촉하면서도 불판에 구운 식감을 내려면 구멍 없는 종이 포일을 사용합니다.

3
분량의 재료를 섞어 참소스를 만들고, 파채를 함께 곁들여 냅니다.

양념이 쏙 배어 환상적인
돼지고기덮밥

소요시간
에프 33분 | 전체 40~45분

세팅방법
종이 포일 그릇

재료 2~3인분
삼겹살 600g
밥 400g
다진 쪽파 2큰술
달걀 2개
통마늘 6알
소금, 후추 약간

소스
덮밥 소스
- 물 4큰술
- 설탕 1큰술
- 간장 4큰술
- 맛술 2큰술
- 올리고당 1큰술

1
소금, 후추로 밑간한 삼겹살을 200℃에서 4분, 뒤집어서 4분 초벌로 구운 다음, 먹기 좋은 크기로 잘라 주세요.

2
덮밥 소스를 바르고 170℃에서 5분, 뒤집어서 5분 구워요.

3
통마늘을 얹고 덮밥 소스를 추가로 끼얹은 다음, 150℃로 낮춰서 10분, 뒤집어서 5분 구워요. 다 되면 밥 위에 얹고 다진 쪽파, 달걀노른자를 곁들입니다.

바다의 맛을 듬뿍~
옥돔간장조림

소요시간
에프 25분 | 전체 30~35분

세팅방법
알루미늄 포일 그릇

재료 2인분
손질 옥돔 1마리 200g
파프리카 100g
대파 약간

소스
간장 소스
- 물 6큰술
- 올리고당 4큰술
- 간장 5큰술
- 맛술 3큰술
- 설탕 1큰술
- 후추 약간

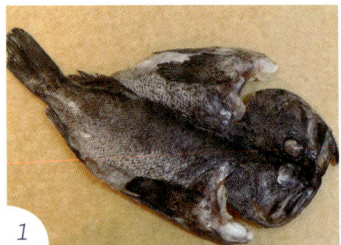

1
옥돔을 반으로 갈라서 준비합니다.

2
옥돔에 간장 소스를 끼얹어서 180℃에서 10분 구워 줍니다.

Tip 간장이 옥돔에 충분히 스며들도록 소스를 충분히 넣어 주세요.

3
다진 파프리카와 대파를 1에 얹고 160℃로 내려서 조림하는 느낌으로 15분 더 익혀 주세요.

더욱 맛있게 레몬즙을 뿌려 먹으면 비린내도 잡고, 생선살도 더욱 쫄깃해집니다.

아주 특별한 고등어 요리!
고등어강정

 소요시간
에프 23분 | 전체 30~35분

 세팅방법
알루미늄 포일 그릇

 재료 2인분
손질 고등어 1쪽 200g
전분 2큰술
오일 1큰술

 소스
데리야끼 소스
  굴소스 2큰술
  케첩 1큰술
  맛술 1큰술
  설탕 1큰술
  올리고당 1큰술
  다진 마늘 1작은술
  생강즙 1작은술 생략 가능
  물 1큰술

1
비닐봉지에 분량의 전분과 오일, 토막 낸 고등어를 넣고 섞어서 튀김옷을 입혀 주세요.

Tip 비닐봉지에 공기를 가득 넣고 섞어야 골고루 튀김옷이 입혀집니다.

2
튀김옷 입힌 고등어를 180℃에서 10분, 뒤집어서 3분 구워요.

3
초벌구이한 고등어에 데리야끼 소스를 골고루 바른 다음, 160℃로 내려서 5분, 뒤집어서 5분 더 구워 주세요.

RECIPE

달걀찜은 잊어라!
달걀푸딩

소요시간
에프 25분 | 전체 30~35분

세팅방법
내열 그릇

재료 2인분
달걀 2개
가쓰오부시 약간
소금 1/2작은술
간장 1/4작은술
맛술 1작은술
칵테일새우 2마리

1
뜨거운 물에 가쓰오부시를 몇 분 넣었다가 걸러서 가쓰오부시 육수를 만들어요.

2
달걀을 풀고 고운 체로 알끈을 없애서 달걀물을 준비합니다.

3
가쓰오부시 육수 200㎖, 2의 달걀물에 분량의 소금, 간장, 맛술을 섞은 다음, 내열 그릇에 나눠 담아요.

4
그릇을 알루미늄 포일로 덮어서 140℃로 20분 익혀요.

더욱 맛있게 다진 쪽파를 올리면 달걀찜에 감칠맛을 더할 수 있어요!

5
칵테일새우와 곁들임 채소를 올리고 알루미늄 포일로 다시 덮은 다음, 130℃로 내려서 5분 더 익혀 줍니다.

바삭바삭 고소고소한
팽이버섯전

소요시간 에프 18분 | 전체 25~30분

세팅방법 종이 포일

재료 2인분

팽이버섯 1봉
쪽파 20g
파프리카 20g
달걀 2개
부침가루 1/2컵
슬라이스 치즈 1장
소금 약간
오일 2큰술

1
팽이버섯, 파프리카, 쪽파를 잘게 다져요.

2
그릇에 1과 분량의 부침가루, 달걀, 소금을 약간 넣고 섞어 주세요.

3
반죽에 슬라이스 치즈를 찢어 넣고 섞어요.

4
오일을 2큰술 넣고 섞어 주세요.

5
종이 포일에 반죽을 1cm 두께로 넓게 펼쳐 담고, 180℃에서 10분, 뒤집어서 5분, 다시 뒤집어서 3분 더 구워서 마무리합니다.

쫄깃하고 매콤하게~
느타리버섯구이

소요시간
에프 15분 | 전체 25~30분

세팅방법
종이 포일 그릇

재료 2인분
느타리버섯 200g

소스
양념장
- 고추장 1큰술
- 고춧가루 1/2큰술
- 간장 1큰술
- 다진 마늘 1큰술
- 다진 쪽파 1큰술
- 물엿 3큰술
- 설탕 2큰술
- 참기름 1큰술
- 후추 약간

1
느타리버섯은 끓는 물에 살짝 데치고 물기를 꼭 짜서 준비합니다.

2
분량의 재료로 만든 양념장을 2/3만 넣고 잘 버무려 주세요.

Tip 양념장을 나눠 넣어야 더 쫄깃한 식감으로 먹을 수 있어요.

170℃ 5분 » 5분 / 160℃ 5분

3
종이 포일 그릇에 펼쳐 담고 170℃에서 5분, 뒤집어서 5분 더 익혀요. 남은 양념을 마저 넣고 버무려서 160℃에서 5분 더 구워요.

더욱 맛있게 그릇에 옮긴 다음 다진 쪽파를 올려서 색과 향을 더 풍부하게 합니다.

소요시간
에프 10분 | 전체 20분

세팅방법
베이킹팬

재료 걱정할 필요 없는 밥 도둑
매콤김치볶음

재료 2인분
신김치 200g
설탕 1작은술
참기름 2큰술
깨 1큰술
다진 마늘 1작은술

1
잘게 썬 신김치에 설탕 1큰술을 넣고 버무려요.

Tip 설탕을 먼저 넣어서 신맛을 잡아 줍니다.

2
참기름 1큰술과 다진 마늘 1큰술을 넣고 버무립니다.

3
베이킹팬에 참기름을 1큰술 두르고 김치를 올린 후, 170℃로 5분, 뒤적여서 5분 더 굽고 마지막에 깨를 뿌려요.

Tip 김치마다 무른 정도가 다르니 중간중간 먹어 보며 시간을 조절해 주세요.

더욱 맛있게 취향에 따라 참치나 햄을 넣어도 좋아요.

RECIPE

밑반찬계의 단골손님
메추리알장조림

소요시간
에프 50분 | 전체 2시간

세팅방법
내열 그릇

재료 2인분
삶은 메추리알 500g

소스
장조림 양념
- 쯔유 50㎖
- 간장 100㎖
- 설탕 100㎖
- 올리고당 100㎖
- 통마늘 10알
- 대파 약간

1
분량의 재료를 섞어서 장조림 양념을 만들어요.

2
여기에 물 1컵을 넣어 주세요.

3
삶은 메추리알을 넣고 1시간 정도 냉장 보관합니다.

4
깊이 있는 내열 그릇으로 옮겨 담고 그릇째 바스켓에 넣어 170℃에서 20분 조려 줍니다.

5
간에 따라 물을 더 넣고 160℃로 내린 다음, 30분 더 조려서 마무리합니다.

Tip 메추리알이 완전히 잠기지 않으면 색이 고르지 않으니 중간중간 저어 주세요.

아린 향은 사라지고 감칠맛은 살리고
마늘종조림

소요시간
에프 25분 | 전체 35분

세팅방법
베이킹팬

재료 2인분
마늘종 100g
통마늘 50g

소스
조림 양념장
- 물 100㎖
- 쯔유 2큰술
- 간장 2큰술
- 설탕 3큰술
- 올리고당 3큰술

1
마늘종에 양념이 잘 배도록 이쑤시개로 구멍을 냅니다.

2
베이킹팬에 분량의 쯔유, 간장, 설탕, 올리고당, 물을 넣고 섞어서 조림 양념장을 만들어요.

160℃ 25분

3
마늘종, 통마늘을 넣고 재료가 잠기도록 물을 더 넣은 후, 160℃에서 25분 동안 조려 주세요.

소요시간
에프 13분 | 전체 20분

세팅방법
종이 포일

다이어트 요리로도 딱 좋은
두부튀김

재료 2인분
두부 500g
새싹채소 약간

소스
양념장
├ 간장 2큰술
· 참기름 1큰술
└ 깨 1작은술

1
두부를 적당한 크기로 자른 다음, 키친타올로 덮어 물기를 제거합니다.

2
종이 포일에 겹치지 않게 올리고 180℃로 8분, 뒤집어서 5분 구워요.

3
양념장을 뿌리고 새싹채소를 얹어 냅니다.

더욱 맛있게 양념장 대신 시판 오리엔탈 소스를 곁들이면 상큼하게 먹을 수 있어요.

Part 6
어디서나 간단히 먹는 한입 주먹밥

소풍 도시락으로 당첨~
베이컨주먹밥

 소요시간
에프 15분 | 전체 30~35분

 세팅방법
구멍 있는 종이 포일

재료 2인분

밥 400g
베이컨 7줄
당근 40g
양파 40g
감자 40g
피망 20g
모차렐라 치즈 1큰술
오일 약간

1
베이컨을 반으로 잘라요.

2
분량의 채소는 잘게 다져서 프라이팬에 담고 오일에 한 번 볶아 주세요.

3
밥을 추가하여 볶아요.

Tip 베이컨이 짭짤하므로 따로 간을 하지 않아요.

4
불을 끈 다음, 모차렐라 치즈를 넣고 골고루 섞어 주세요.

Tip 치즈는 주먹밥을 더 잘 뭉치기 위해 넣어 줍니다.

5
밥이 어느 정도 식으면 한입 크기로 주먹밥을 만들어요.

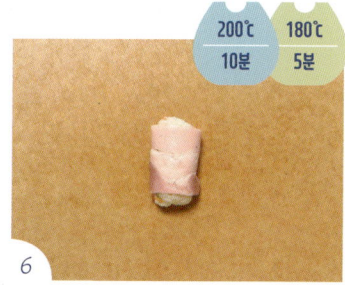

6
주먹밥을 베이컨으로 감싼 다음, 200℃에서 10분, 뒤집고 180℃로 내려서 5분 더 구워 주세요.

10분이면 완성!
하이라이스새우주먹밥

소요시간
에프 6분 | 전체 10분

세팅방법
종이 포일

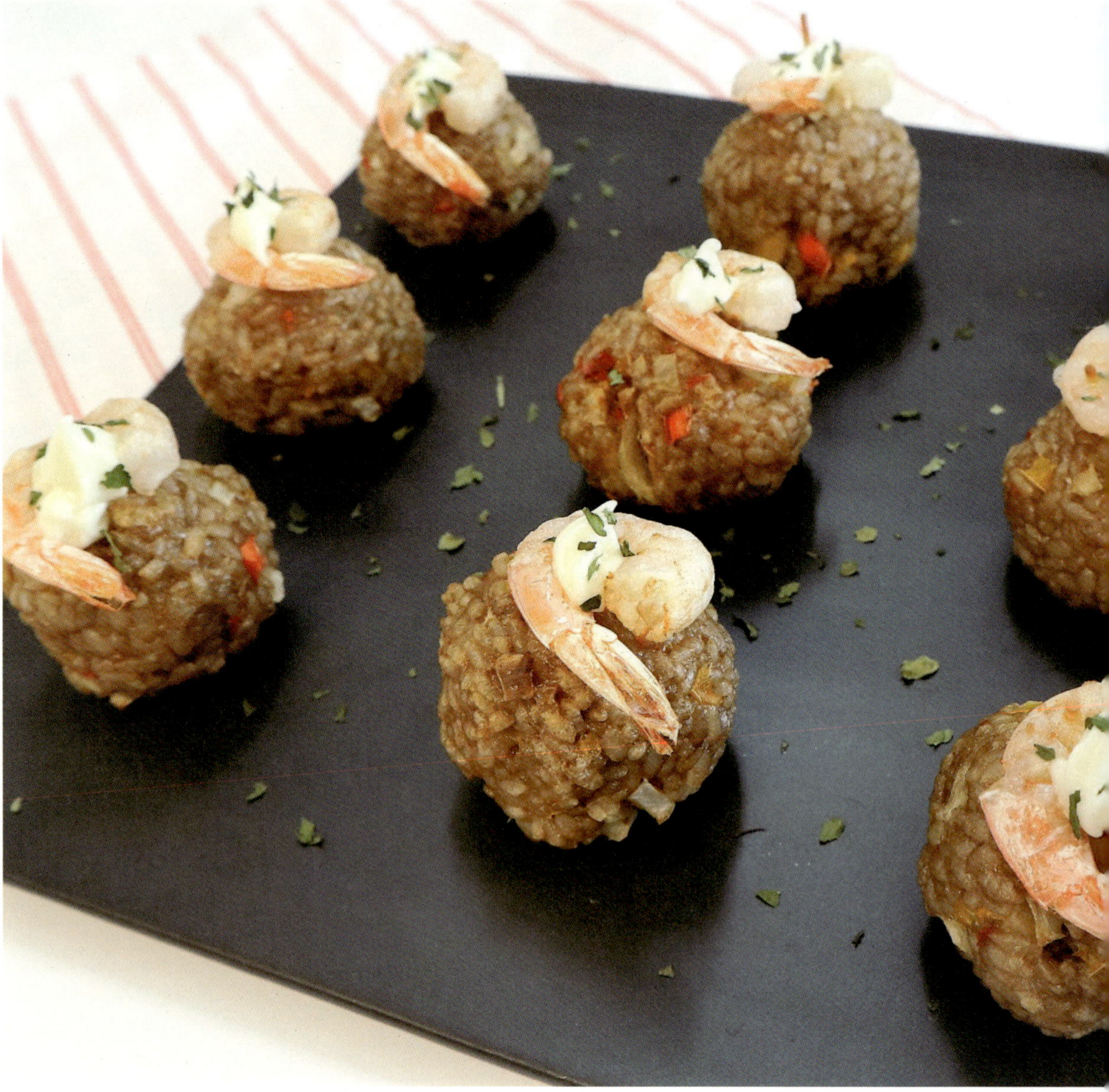

재료 2인분

밥 300g
칵테일새우 9마리
다진 양파 1큰술
다진 파프리카 2큰술
하이라이스 가루 2큰술
물 1큰술
스파게티면 1~2개

1
분량의 물에 하이라이스 가루를 풀어서 밥과 함께 섞어 주세요.

2
1에 다진 양파와 파프리카를 넣고 섞어요.

3
먹기 좋은 크기로 동그랗게 경단을 빚어요.

4
칵테일새우를 경단 위에 올려 주세요.

더욱 맛있게 타르타르 소스를 뿌려 먹으면 더 맛있어요.

5
스파게티면을 새우에 꽂아서 밥에 고정한 다음, 180℃에서 6분 구워 주세요.

Tip 스파게티면은 조리 후 이물감 없이 먹을 수 있어요.

한 끼 식사로도 안성맞춤!
토마토치즈머핀밥

 **소요시간**
에프 11분 | 전체 20분

 세팅방법
머핀틀

재료 2인분
밥 300g
모차렐라 치즈 2큰술
토마토소스 2.5큰술
슬라이스 햄 1장
다진 양파 1큰술
만두피 6장

1

슬라이스 햄은 잘게 다져서 준비합니다.

2

그릇에 분량의 밥과 다진 양파, 다진 햄, 토마토소스, 모차렐라 치즈를 1큰술 넣고 섞어요.

3

머핀틀에 물에 적신 만두피를 깔아줍니다.

4

머핀틀 안에 양념한 밥을 넣고, 170℃에서 8분 구워요.

5

남은 모차렐라 치즈를 나눠서 얹은 다음, 3분 더 구워 주세요.

137

밥버거처럼 즐기는
떡갈비머핀밥

소요시간
에프 10분 | 전체 15~20분

세팅방법
머핀틀

재료 2인분
시판 떡갈비 2장
밥 200g
양파 1/2개
굴소스 1/2큰술

1
그릇에 분량의 밥과 굴소스를 넣고 섞어 주세요.

2
머핀틀 모양대로 오목하게 양념한 밥을 채워 넣은 다음, 160℃에서 5분 구워요.

3
양파와 떡갈비를 잘게 썰어 구운 밥 위에 얹은 다음, 170℃에서 5분 더 구워 줍니다.

소요시간
에프 8분 | 전체 15분

세팅방법
구멍 있는 종이 포일

훈제 닭가슴살로 간편히 만드는
치즈불닭주먹밥

재료 2인분
밥 200g
칠리맛 훈제 닭가슴살 50g
모차렐라 치즈 1큰술

소스
간장기름장
― 참기름 1큰술
― 간장 1큰술

1
주먹밥틀에 밥을 움푹하게 담고 잘게 썬 닭가슴살을 넣어 주세요.

Tip 바닥과 옆면을 따라 밥을 붙여서 속 재료가 들어갈 수 있게 합니다.

2
그 위로 모차렐라 치즈를 올려 줍니다.

3
밥을 다시 덮고 간장기름장을 겉면에 골고루 발라서 170℃로 8분 구워요.

더욱 맛있게 시판 스리라차 소스와 함께 먹으면 훨씬 더 매콤하게 먹을 수 있어요.

초밥 느낌으로
연어크래미주먹밥

소요시간
에프 5분 | 전체 15분

세팅방법
구멍 있는 종이 포일

재료 2인분
밥 200g
크래미 1줄
연어캔 100g
와사비 1큰술
김 약간

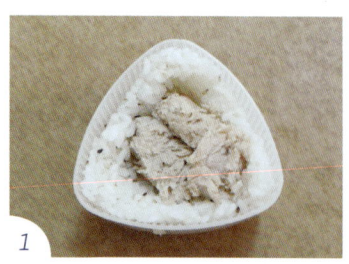

1
주먹밥틀에 밥을 움푹하게 담고 기름 뺀 연어를 넣어 주세요.
Tip 바닥과 옆면을 따라 밥을 붙여서 속 재료가 들어갈 수 있게 합니다.

180℃ 5분

2
연어에 밥을 덮고 180℃로 5분 구워 줍니다. 주먹밥 옆에 크래미를 잘게 찢어 넣고 함께 구워요.

3
주먹밥을 김으로 장식하고 와사비 1/2큰술과 함께 살짝 구운 크래미도 올려 주세요.

더욱 맛있게 한 김 식혀서 초간장에 찍어 먹으면 초밥을 먹는 느낌입니다.

소요시간
에프 7분 | 전체 15분

세팅방법
구멍 있는 종이 포일

재료 2인분
밥 200g
시판 고추참치 100g
슬라이스 치즈 1장

편의점 삼각김밥 따라잡기
고추참치주먹밥

1
주먹밥틀에 밥을 움푹하게 담고 고추참치를 넣어 주세요.

Tip 바닥과 옆면을 따라 밥을 붙여서 속 재료가 들어갈 수 있게 합니다.

2
슬라이스 치즈를 4등분하여 2조각을 고추참치에 덮어 줍니다.

3
그 위로 밥을 덮고 180℃에서 7분 구워 줍니다.

더욱 맛있게 조미김과 함께 먹으면 훨씬 맛있게 먹을 수 있어요.

밑반찬으로 후다닥 만들기
멸치볶음주먹밥

소요시간
에프 5분 | 전체 10분

세팅방법
구멍 있는 종이 포일

재료 2인분
밥 200g
잔멸치볶음 2큰술

소스
간장기름장
　참기름 1큰술
　간장 1큰술

1
밥과 잔멸치볶음을 버무려 줍니다.

2
버무린 밥을 주먹밥틀에 채워서 모양을 잡아요.

Tip 밥을 너무 적게 넣으면 삼각형 모양이 잘 잡히지 않아요.

3
간장기름장을 바른 후 180℃로 5분 구워요.

더욱 맛있게 매콤하게 먹으려면 시판 굴소스를 곁들입니다.

소요시간
에프 5분 | 전체 10분

세팅방법
구멍 있는 종이 포일

재료 2인분
밥 200g
참치 100g
마요네즈 1큰술

아이들도 좋아하는
참치마요주먹밥

1
주먹밥틀 바닥과 옆면을 따라 움푹하게 밥을 붙여서 속재료가 들어갈 수 있게 합니다.

2
기름 뺀 참치와 마요네즈를 섞은 다음 1에 넣어요.

3
그 위로 밥을 덮고 180℃에서 5분 구워 줍니다.

Tip 마요네즈와 참치에 기름기가 있으니 추가로 기름을 바르지 않아요.

더욱 맛있게 밥에 소금을 한 꼬집 넣어 양념하면 더 감칠맛 나게 먹을 수 있어요.

씹을수록 맛있는
진미채주먹밥

소요시간
에프 5분 | 전체 15분

세팅방법
구멍 있는 종이 포일

재료 2인분
밥 200g
진미채볶음 50g
스크램블에그 1큰술

소스
간장기름장
- 참기름 1큰술
- 간장 1큰술

1
주먹밥틀에 밥을 움푹하게 담고 잘게 썬 진미채볶음을 넣어 주세요.

Tip 바닥과 옆면을 따라 밥을 붙여서 속 재료가 들어갈 수 있게 합니다.

2
그 위로 스크램블에그를 1/2큰술 올려요.

3
밥을 덮고 간장기름장을 바른 후 180℃로 5분 구워 줍니다.

소요시간 에프 7분 | 전체 15분

 세팅방법 구멍 있는 종이 포일

냉장고 텅 빈 날에
스크램블에그주먹밥

 재료 2인분
밥 200g
스크램블에그 2큰술

 소스
간장기름장
┌ 참기름 2큰술
└ 간장 1큰술

1
주먹밥틀에 밥을 움푹하게 담고 스크램블에그를 1큰술 넣어 주세요.

Tip 바닥과 옆면을 따라 밥을 붙여서 속 재료가 들어갈 수 있게 합니다.

2
밥을 덮고 눌러서 주먹밥 모양을 잡아요.

3
참기름, 간장을 2:1 비율로 간장기름장을 만들어 바른 후, 180℃로 7분 구워 줍니다.

Part 7
여기 어디?
내 식탁 위의
길거리 간식

속이 텅텅 빈
공갈빵

 소요시간
에프 15분 | 전체 25~30분

 세팅방법
바스켓

재료 2인분

호떡믹스 2컵
이스트 1/5작은술
물 5큰술
오일 1큰술
호떡잼믹스 50g

1
호떡믹스에 분량의 물과 이스트를 넣고 반죽한 다음, 오일 1큰술을 넣어서 치대 주세요.

2
반죽을 4덩이로 나눠요.

3
호떡잼믹스를 체에 걸러서 견과류를 걸러 주세요.

Tip 견과류를 함께 넣으면 얇게 밀 때 표면이 찢어집니다.

4
반죽에 호떡잼믹스를 넣고 오므려서 동그랗게 빚어요.

5
밀대로 최대한 얇게 민 다음, 180℃에서 15분 구워 주세요.

Tip 밀대로 밀 때 구멍이 생기지 않도록 조심하세요.

명절 음식 처리에 그만인
잡채호떡

 소요시간
에프 10분 | 전체 20~25분

 세팅방법
종이 포일

 재료 2인분
잡채 500g
호떡믹스 2컵
이스트 1/2작은술
오일 4작은술
물 6큰술

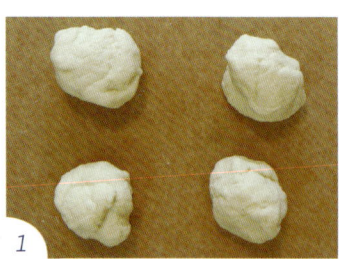

1
호떡믹스에 분량의 물과 이스트를 넣고 반죽한 다음, 4덩이로 나눠 주세요.

2
반죽을 넓게 펴서 잡채를 올린 다음, 만두처럼 동그랗게 빚어 주세요.

3
반죽 표면에 오일을 골고루 듬뿍 발라서, 200℃에서 5분, 호떡을 뒤집고 180℃로 내려서 5분 더 구워 줍니다.

Tip 구멍 없는 유산지에 놓고 익히면 길거리 잡채호떡 맛에 더 가까워져요.

소요시간
에프 25분 | 전체 30분

세팅방법
구멍 있는 종이 포일

휴게소 간식 베스트!
옥수수버터구이

재료 2인분
생옥수수 2개 약 400g
버터 20g
설탕 1큰술

1
설탕과 버터를 섞어 주세요.

2
설탕 녹인 버터를 옥수수 표면에 골고루 발라요.

3
구멍 있는 종이 포일에 놓고 160℃에서 5분, 180℃로 올려서 10분, 뒤집어서 10분 더 구워 주세요.

더욱 맛있게 치즈 가루나 파슬리 가루를 뿌려 먹어요.

야식으로 딱 좋은
구운통감자

소요시간
에프 40분 | 전체 45분

세팅방법
종이 포일 그릇

재료 2인분
감자 4개약 400g
녹인 버터 20g
굵은 소금 1큰술

1
깨끗이 씻은 감자를 포크로 콕콕 찔러요.

2
감자 표면에 녹인 버터를 골고루 바른 다음, 비닐봉지에 굵은 소금과 함께 넣고 흔들어요.

3
종이 포일 그릇에 넣고 100℃에서 20분, 180℃로 올리고 뒤집어서 20분 구워요.

더욱 맛있게 시판 사우어크림을 뿌려 먹으면 색다른 맛을 즐길 수 있어요.

소요시간
에프 20분 | 전체 35~40분

 세팅방법
구멍 있는 종이 포일

세상 간단한 감자 간식
회오리감자

 재료 2인분
감자 2개 약 300g
오일 약간
소금, 후추 약간

1

꼬치에 끼운 감자를 돌려 깎듯이 칼집을 낸 다음, 사이사이 간격을 벌려요.

2

10분 이상 물에 담가서 전분기를 제거한 다음, 키친타올에 꺼내어 물기를 없애고 소금, 후추를 뿌려 줍니다.

3

오일을 감자에 뿌려서 200℃로 20분 구워요.

더욱 맛있게 취향에 따라 파프리카 가루와 파르메산 치즈를 뿌려 먹어요.

호호 불며 먹어야 제맛이지~
치즈달걀빵

 소요시간
에프 15분 | 전체 25~30분

 세팅방법
머핀틀

재료 2인분

핫케이크 가루 1컵
달걀 3개
우유 8큰술
콜비잭 치즈 1큰술
모차렐라 치즈 가능

1
핫케이크 가루에 달걀 1개와 우유 8큰술을 섞어 반죽합니다.

2
머핀틀에 반죽을 나눠 담아요.

Tip 달걀을 넣어야 하므로 절반 이하로 채웁니다.

3
반죽 위에 콜비잭 치즈를 한 꼬집씩 올려 주세요.

4
그 위로 달걀 1개씩 올리고, 터지지 않도록 한 번씩 포크로 찍어요.

5
남은 치즈를 마저 올린 다음, 180℃로 10분 굽고 160℃로 내려서 5분 더 구워 주세요.

Tip 머핀틀을 꽉 채우면 흘러넘치므로 1cm가량 남기도록 합니다.

중독성 깊은 맛!
마약꿀호떡

소요시간
에프 18분 | 전체 25분

세팅방법
종이 포일

재료 2인분
시판 꿀호떡 2개
달걀 2개
마요네즈 2큰술

1
꿀호떡 윗면을 테두리를 남기고 동그랗게 구멍을 냅니다.

2
테두리 부분에 마요네즈를 둘러서 짜 주세요.

3
마요네즈 안에 달걀을 깨 넣고 180℃에서 18분 구워요.

Tip 달걀은 터지지 않도록 포크로 한 번 찔러 주세요.

소요시간
에프 7분 | 전체 15분

세팅방법
알루미늄 포일 그릇

옥수수 알갱이가 톡톡!
콘치즈마요빵

재료 2인분
모닝빵 2개
캔 옥수수 4큰술
마요네즈 2큰술
설탕 1큰술
스트링 치즈 1줄
후추 약간

1
그릇에 분량의 캔 옥수수, 마요네즈, 설탕과 후추 한 꼬집을 넣고 섞어요.

2
스트링 치즈를 찢어 넣고, 반으로 가른 모닝빵에 얹어 줍니다.

170℃
7분

3
알루미늄 포일로 하나씩 감싼 후 170℃에서 7분 구워요.

Tip 알루미늄 포일로 감싸서 넣으면 모양이 뭉개지지 않아요.

알싸한 맛!
할라피뇨핫도그

소요시간
에프 10분 | 전체 20~25분

세팅방법
구멍 있는 종이 포일

재료 3~4인분

호떡믹스 1컵
물 6큰술
소시지 4개
파르메산 치즈 약간
할라피뇨 12~14개

1

호떡믹스에 분량의 물을 넣고 반죽한 다음, 4덩이로 나눠 주세요.

2

반죽을 밀대로 얇게 밀어요.

🅣🅘🅟 반죽 두께가 균일하지 않으면 안 익는 부분이 생겨요!

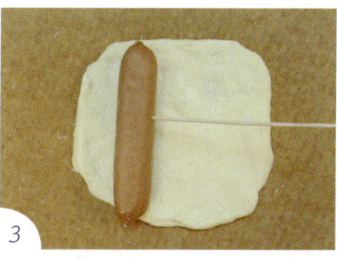

3

반죽 위에 소시지를 올리고, 소시지가 터지지 않도록 꼬치로 중간중간 찔러 주세요.

4

반죽으로 소시지를 감싸요.

5

반죽 위에 파르메산 치즈를 뿌려 줍니다.

6

마지막으로 할라피뇨를 올린 다음, 180℃에서 5분, 뒤집어서 5분 구워요.

버터향 가득한
햄치즈토스트

소요시간
에프 15분 | 전체 20분

세팅방법
구멍 있는 종이 포일

재료 2인분
페이스트리 생지 4장 12×12cm
슬라이스 햄 2장
슬라이스 치즈 2장

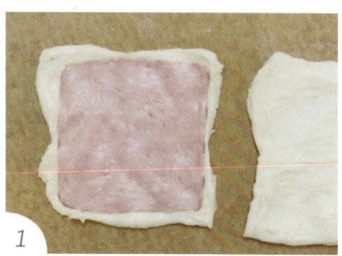

1
상온 해동한 페이스트리 생지 위에 슬라이스 햄을 올려요.

2
그 위에 슬라이스 치즈를 올려 줍니다.

3
마지막으로 페이스트리 생지를 덮고 테두리를 포크로 눌러서 붙인 다음, 180℃에서 10분, 뒤집어서 5분 구워 주세요.

소요시간
에프 10분 | 전체 15분

 세팅방법
머핀틀

 재료 2인분
베이컨 4줄
달걀 4개
모차렐라 치즈 4큰술

밀가루 없는 달걀빵
베이컨에그롤

1
머핀틀 안에 베이컨을 둘러 세워요.

2
베이컨 안에 달걀을 깨트려 넣고, 노른자를 꼬치로 한 번씩 찔러 주세요.

Tip 노른자에 구멍을 내어 조리 도중 노른자가 터지지 않도록 합니다.

3
모차렐라 치즈를 1큰술씩 올린 다음, 200℃에서 5분, 180℃로 내려서 5분 더 구워 줍니다.

Tip 달걀 크기나 선호 식감에 따라 시간을 조정해 주세요.

분식 덕후는 다 좋아해!
순대꼬치

소요시간
에프 20분 | 전체 25분

세팅방법
바스켓

재료 2인분
순대 300g 8cm 길이 4줄
통마늘 8알

소스
매콤 소스
- 고추장 1큰술
- 스리라차 소스 1큰술
- 고춧가루 1큰술
- 케첩 1큰술
- 간장 1/2큰술
- 설탕 1큰술
- 올리고당 3큰술
- 다진 마늘 1큰술

1
순대를 2cm 길이로 썰어요.

2
통마늘도 편썰기하여 꼬치에 순대, 마늘을 번갈아 꽂아 주세요.

3
180℃에서 5분, 뒤집어서 5분 초벌 구이한 다음, 매콤 소스를 바르고 160℃에서 5분, 뒤집어서 5분 더 구워 줍니다.

통인시장 명성에 도전한다
기름떡볶이

소요시간
에프 10분 | 전체 15분

세팅방법
종이 포일

재료 2인분
떡 300g
굴소스 1작은술
오일 3큰술

소스
떡볶이 양념
- 고춧가루 2큰술
- 올리고당 1큰술
- 설탕 1큰술
- 참기름 1큰술
- 간장 1작은술
- 다진 마늘 1작은술

1
떡에 분량의 굴소스를 넣고 버무려 주세요.

Tip 떡은 물에 헹구고 물기를 완전히 제거해야 양념과 오일이 겉돌지 않아요.

2
분량의 떡볶이 양념 재료를 넣고 버무려요.

3
마지막으로 오일을 넣고 버무린 다음, 170℃에서 5분, 180℃로 올려서 5분 더 구워 줍니다.

Tip 높은 온도로 익히기 시작하면 겉만 타고 양념도 배어들지 않아요.

10분 만에 완성하는 프랑스 국민요리
갈레트

소요시간
에프 7분 | 전체 10분

세팅방법
종이 포일

재료 1인분
크레페 1장
베이컨 2줄
달걀 1개

1
크레페 위에 1cm 길이로 썬 베이컨을 사각형으로 둘러서 얹어요.

2
베이컨 아래로 크레페를 집어넣듯이 접어 주세요.

3
베이컨 안쪽으로 달걀을 놓고 160℃에서 5~7분 구워 줍니다.

Tip 달걀은 터지지 않도록 포크로 한 번 찍어요.

더욱 맛있게 모차렐라 치즈와 새싹채소를 얹어서 색과 맛을 더해 보세요.

소요시간
에프 3분 | 전체 10분

 세팅방법
종이 포일

 재료 2인분
크레페 2장
바나나 2개
초콜릿잼 2큰술

초콜릿 듬뿍 넣은
바나나크레페

1
크레페에 초콜릿잼 1큰술을 부채꼴 모양으로 발라요.

2
바나나를 슬라이스하여 초콜릿잼 위에 부채꼴 모양에 맞춰 올려요.

3
부채꼴 모양을 감싸듯 크레페를 접어서 170℃로 3분 구워 줍니다.

Part 8
에프로 시작하는 초간단 홈베이킹

RECIPE

홈메이드 피자빵의 진수
낙엽브레드

 소요시간
에프 13분 | 전체 25~30분

 세팅방법
종이 포일

재료 3-4인분

호떡믹스 1컵
물 6큰술
버터 10g
소시지 4줄
캔 옥수수 1큰술
토마토소스 1큰술
다진 양파 1큰술
올리브 1개
모차렐라 치즈 2큰술

1

분량의 호떡믹스와 물, 버터를 넣고 반죽하여 4덩이로 나눠 주세요.

2

밀대로 반죽을 얇게 편 다음, 소시지를 올려서 말아요.

Tip 소시지를 감쌀 때 안에 공기가 들어가지 않도록 주의합니다.

3

바닥에 5mm 정도를 남기고 1cm 간격으로 칼집을 냅니다.

4

소시지를 한 겹씩 펼쳐 주세요.

5

모차렐라 치즈와 토마토소스를 그 위에 올립니다.

6

다진 양파와 올리브, 옥수수까지 올린 다음, 180℃에서 6분, 160℃로 내려서 5~7분 더 구워 주세요.

누가 만들어도 맛 보장!
해바라기빵

 소요시간
에프 10분 | 전체 15분

 세팅방법
종이 포일

 재료 2인분
페이스트리 생지 2장 12×12cm
얇은 소시지 2줄
스파게티면 약간
올리브 2알
방울토마토 1개
모차렐라 치즈 1큰술
다진 양파 1큰술
토마토소스 1큰술

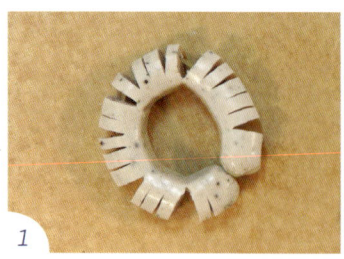

1
소시지는 칼집 내어 칼집이 바깥에 오도록 동그랗게 만 다음, 스파게티면을 소시지에 꽂아서 모양을 고정합니다.

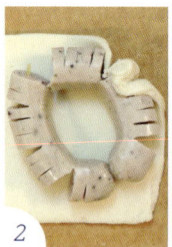

2
페이스트리 생지 위에 소시지를 놓고, 소시지 칼집 사이사이로 생지를 넣어서 그릇을 만들어요.

180℃ 10분

3
그릇에 토마토소스, 다진 양파, 모차렐라 치즈, 올리브를 넣고, 마지막 방울토마토 반쪽을 올린 다음, 180℃에서 10분 구워 주세요.

소요시간
에프 17분 | 전체 30~35분

세팅방법
종이 포일

아이와 함께 만드는
고구마파이

재료 2~3인분
고구마 2개약 500g
만두피 10장
모차렐라 치즈 100g
연유 1작은술
달걀 1개

1
고구마를 쪄서 으깬 다음, 분량의 모차렐라 치즈와 연유를 넣고 섞어요.

2
물에 적신 만두피에 고구마 소를 올려 주세요.

3
만두피를 오므려 마름모 모양으로 빚은 다음, 160℃에서 10분, 170℃로 올려서 7분 정도 더 구워 주세요.

Tip 만두피 테두리는 달걀노른자 1개에 물 1큰술을 섞어 만든 달걀물로 붙여요.

고구마가 숨어 있는 건 몰랐지?
고구마브라우니

소요시간
에프 22분 | 전체 35~40분

세팅방법
접시형 종이 포일

재료 2인분

익힌 고구마 약 200g
핫케이크 가루 1컵
우유 6큰술
달걀 1개
버터 10g
초콜릿잼 3큰술

1 익힌 고구마를 으깨 주세요.
Tip 조금 덩어리 있게 으깨야 중간중간 씹히는 식감이 있어서 좋아요.

2 여기에 우유 6큰술을 넣어요.

3 핫케이크 가루 1컵과 달걀 1개를 넣고 섞어요.

4 버터를 넣고 같이 섞어 줍니다.

더욱 맛있게 코코아 파우더나 슈가 파우더를 뿌리면 보기에도 좋고 맛도 더욱 좋아집니다.

5 마지막으로 초콜릿잼 3큰술을 넣고 잘 섞어요.

6 접시형 종이 포일에 옮겨 담고, 170℃에서 15분, 160℃로 내려 7분 더 구워 주세요.
Tip 반죽이 부풀어 오르므로 2/3 정도만 채워 줍니다.

페이스트리 식감 그대로!
리본파이

 소요시간
에프 15분 | 전체 20분

 세팅방법
종이 포일

재료 2인분
페이스트리 생지 4장 12×12㎝
연유 1작은술
설탕 1작은술
달걀 1개

1
페이스트리 생지 4장에 달걀물을 발라 줍니다.

Tip 달걀물은 달걀노른자 1개에 물 1큰술을 섞어 만들어요.

2
페이스트리 생지 4장을 겹겹이 쌓은 다음, 밀대로 가로세로가 20㎝ 정도가 되도록 밀어요.

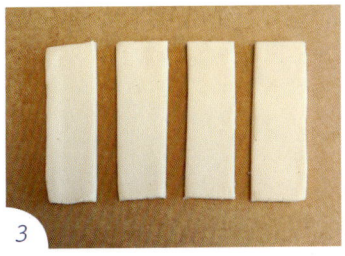

3
2를 5㎝ 길이로 4등분합니다.

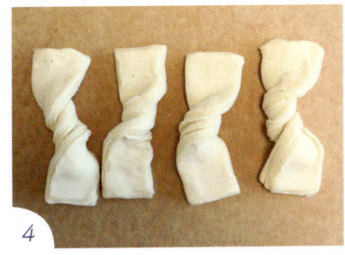

4
4등분한 생지를 두 번 꼬아서 리본 모양으로 만들어요.

5
4에 다시 달걀물을 발라서 180℃에서 10분, 뒤집어서 5분 더 구워 주세요.

6
다 구워진 리본파이에 연유와 설탕을 뿌려서 완성합니다.

달콤 2단 콤보!
마시멜로우에클레어

소요시간 에프 9분 | 전체 15분

세팅방법 종이 포일

재료 2인분
페이스트리 생지 2장 12×12cm
마시멜로우 3개
초콜릿잼 2큰술
달걀 1개

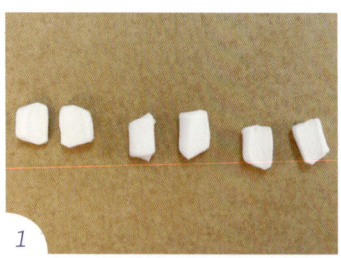

1
마시멜로우를 반으로 잘라 6조각을 만들어요.

2
페이스트리 생지에 초콜릿잼을 1큰술씩 넓게 바르고 마시멜로우 3개를 일렬로 올린 다음, 스틱 모양으로 감싸요.

3
달걀물을 2의 표면에 바르고, 190℃에서 4분, 180℃로 내려서 5분 더 구워 주세요.

Tip 달걀물은 노릇한 색감을 위한 것으로, 달걀노른자 1개에 물 1큰술을 섞어 만들어요.

소요시간
에프 16분 | 전체 25분

세팅방법
베이킹팬

시판 호떡믹스면 준비 끝!
몽키브레드

재료 3~4인분
호떡믹스 2컵
호떡잼믹스 100g
물 170㎖

1
분량의 호떡믹스와 물을 섞어서 반죽한 다음, 먹기 좋은 크기로 나눠요.

2
호떡잼믹스에 반죽을 굴려서 묻혀주세요.

3
베이킹팬에 2를 차곡차곡 넣은 다음, 170℃에서 10분, 꼬치로 빵을 한 번씩 찌르고 160℃로 내려서 6분 더 구워요.

카모메식당처럼~
시나몬롤

소요시간 에프 8분 | 전체 20~25분

세팅방법 종이 포일

재료 2인분

호떡믹스 1컵
버터 10g
물 6큰술
호떡잼믹스 50g
달걀 1개

1

호떡잼믹스를 체에 걸러서 견과류를 걸러 주세요.

2

분량의 호떡믹스, 버터, 물을 섞어서 약간 되직하게 반죽하여 얇게 펼쳐요.

3

얇게 편 반죽에 체에 거른 호떡잼믹스를 얇게 펼쳐 주세요.

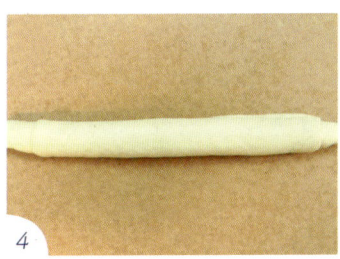

4

반죽을 돌돌 말아요.

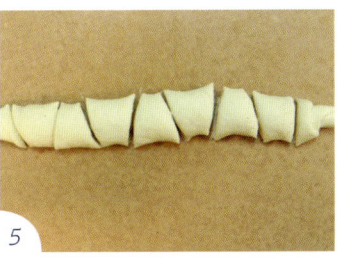

5

돌돌 만 반죽을 일정한 크기로 잘라요.

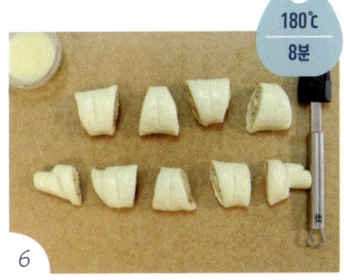

180℃ 8분

6

달걀물을 골고루 바른 다음, 180℃에서 8분 구워 줍니다. 오래 구우면 딱딱해져요!

Tip 달걀물은 노릇한 색감을 위한 것으로, 달걀노른자 1개에 물 1큰술을 섞어 만들어요.

홈베이킹의 기본, 머핀에 도전!

블랙포도미니머핀

소요시간
에프 11분 | 전체 30~40분

세팅방법
머핀틀

재료 2인분

핫케이크 가루 1컵
머핀 가루도 가능

달걀 1개
우유 8큰술
건포도 10g
시판 휘핑크림
블랙포도 4알

1
핫케이크 가루에 분량의 달걀과 우유를 넣고 반죽해요.

2
건포도를 반죽에 넣고 섞어요. 이때 반죽 위에 올릴 몇 개를 남겨 주세요.

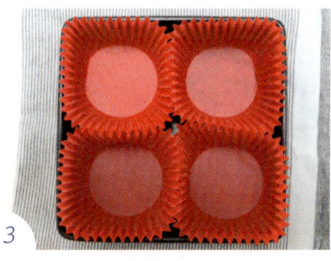

3
베이킹팬에 종이 머핀틀 자리를 잡아요.

170℃ 11분

4
머핀틀에 2/3가량 반죽을 담고 건포도 토핑하여 베이킹팬째 170℃에서 11분 구워요.

Tip 위에 올린 건포도가 머핀 모양이 망가지는 것을 잡아 줍니다.

더욱 맛있게 초콜릿청크(초코칩)나 레인보우 가루를 뿌리면 더욱 맛있게 즐길 수 있어요.

5
구워진 머핀을 한 김 식힌 후, 시판 휘핑크림으로 모양을 냅니다.

6
손질한 블랙포도를 생크림 위에 올려서 마무리합니다.

Tip 블랙포도는 꼭지 부분을 잘라내고 반으로 잘라서 손질합니다.

초코에 빠진 바나나
바나나초코머핀

소요시간
에프 15분 | 전체 25~30분

세팅방법
머핀틀

재료 2인분

핫케이크 가루 1컵
코코아 파우더 1큰술
우유 8큰술
달걀 1개
바나나 2개

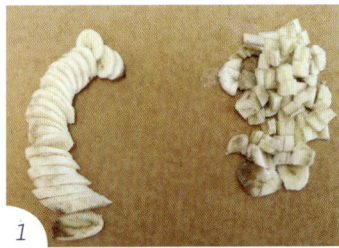

1

바나나 1개는 슬라이스로 자르고, 1개는 깍둑썰기합니다.

2

분량의 핫케이크 가루와 코코아 파우더를 섞어요.

Tip 코코아 파우더를 생략하면 바나나 머핀을 만들 수 있어요.

3

여기에 달걀과 우유를 넣고 반죽합니다.

4

반죽에 깍둑썰기한 바나나를 넣고 섞어 주세요.

Tip 바나나가 너무 많으면 반죽이 잘 안 익어요.

5

종이 머핀틀에 4의 반죽을 2/3 정도 채워요.

6

슬라이스 바나나를 토핑한 후, 180℃에서 12분 굽고 170℃로 내려서 3분 더 구워 줍니다.

Tip 바스켓에 종이머핀틀째로 넣고 돌려요.

마늘바게트는 이제 식상하다!
쪽파바게트

소요시간
에프 7분 | 전체 15분

세팅방법
바스켓

재료 2인분
바게트 15cm 약 100g
다진 쪽파 5큰술
녹인 버터 30g
마요네즈 4큰술
설탕 4큰술

1
바게트를 아래 2cm 정도 남기고 2cm 간격으로 칼집 낸 후, 가로에도 한 번 칼집을 냅니다.

2
분량의 다진 쪽파, 마요네즈, 설탕, 녹인 버터를 섞어 주세요.

3
바게트 칼집 사이사이에 2를 발라서 160℃로 7분 구워요.

소요시간
에프 12분 | 전체 20분

세팅방법
바스켓

한 겹씩 떼어 먹는
아코디언바게트칩

재료 3~4인분
바게트빵 100g약 15cm
슬라이스 치즈 1장
스트링 치즈 2줄
베이컨 2줄

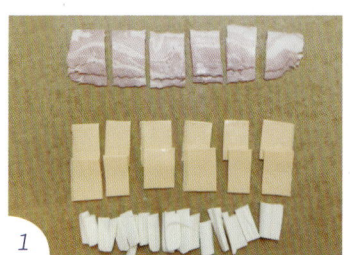

1
베이컨과 슬라이스 치즈는 각각 6등분 하고, 스트링 치즈는 얇게 찢어요.

2
바게트를 아래 2cm 정도 남기고 2cm 간격으로 칼집 냅니다.

3
칼집 사이사이로 *1*의 재료를 넣고 옆으로 눕힌 상태로 180℃에서 6분, 뒤집어서 6분 구워 주세요.

Tip 바게트를 세워 놓으면 열선이 너무 가까워 탈 수 있으니 옆으로 눕혀서 구워요.

Part 9
식빵 어디까지 즐겨 봤니?

폭신폭신한 달걀푸딩을 식빵과 함께
달걀샌드위치

소요시간
에프 30분 | 전체 40분

세팅방법
종이 포일을 깐 베이킹팬

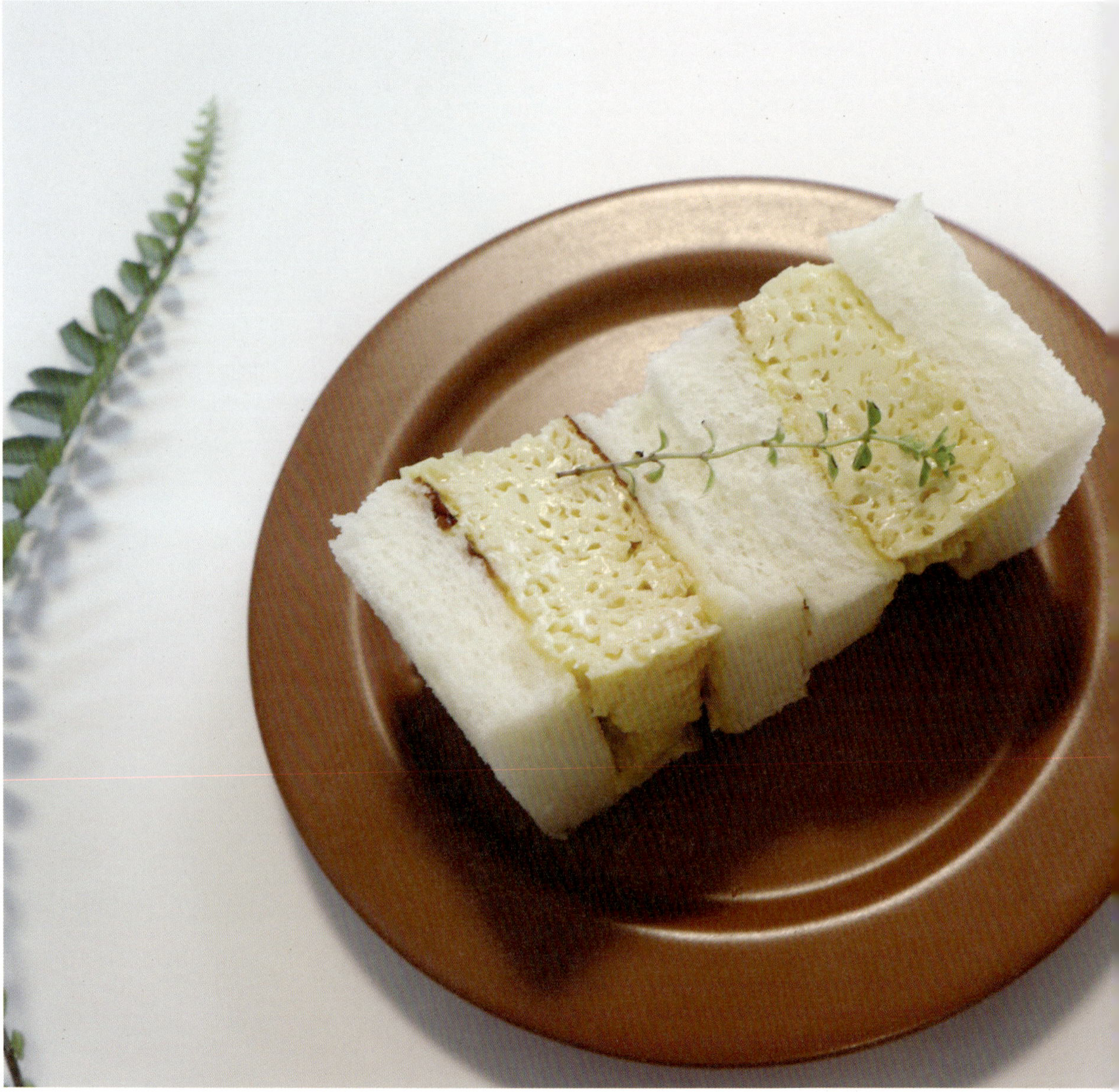

재료 2인분

식빵 2장
달걀 4개
우유 4큰술
쯔유 1큰술
설탕 2큰술
맛술 2큰술
소금 약간

1
달걀 4개에 분량의 우유, 쯔유, 설탕, 맛술과 소금을 약간 넣고 섞어요.

2
달걀물을 체에 걸러서 부드럽게 풀어 줍니다.

3
종이 포일을 깐 베이킹팬에 2의 달걀물을 넣어요.

4
알루미늄 포일이나 종이 포일로 베이킹팬을 밀봉하여 160℃로 30분 구워 주세요.

5
탱글탱글하게 익은 달걀 푸딩을 식빵 사이에 넣고 먹기 좋은 크기로 잘라요.

더욱 맛있게 와사비 마요네즈와 씨겨자를 빵에 바르면 일본 편의점 타마고산도와 같은 맛을 느낄 수 있어요.

촉촉함의 끝판왕
프렌치토스트

소요시간
에프 7분 | 전체 15분

세팅방법
구멍 있는 종이 포일

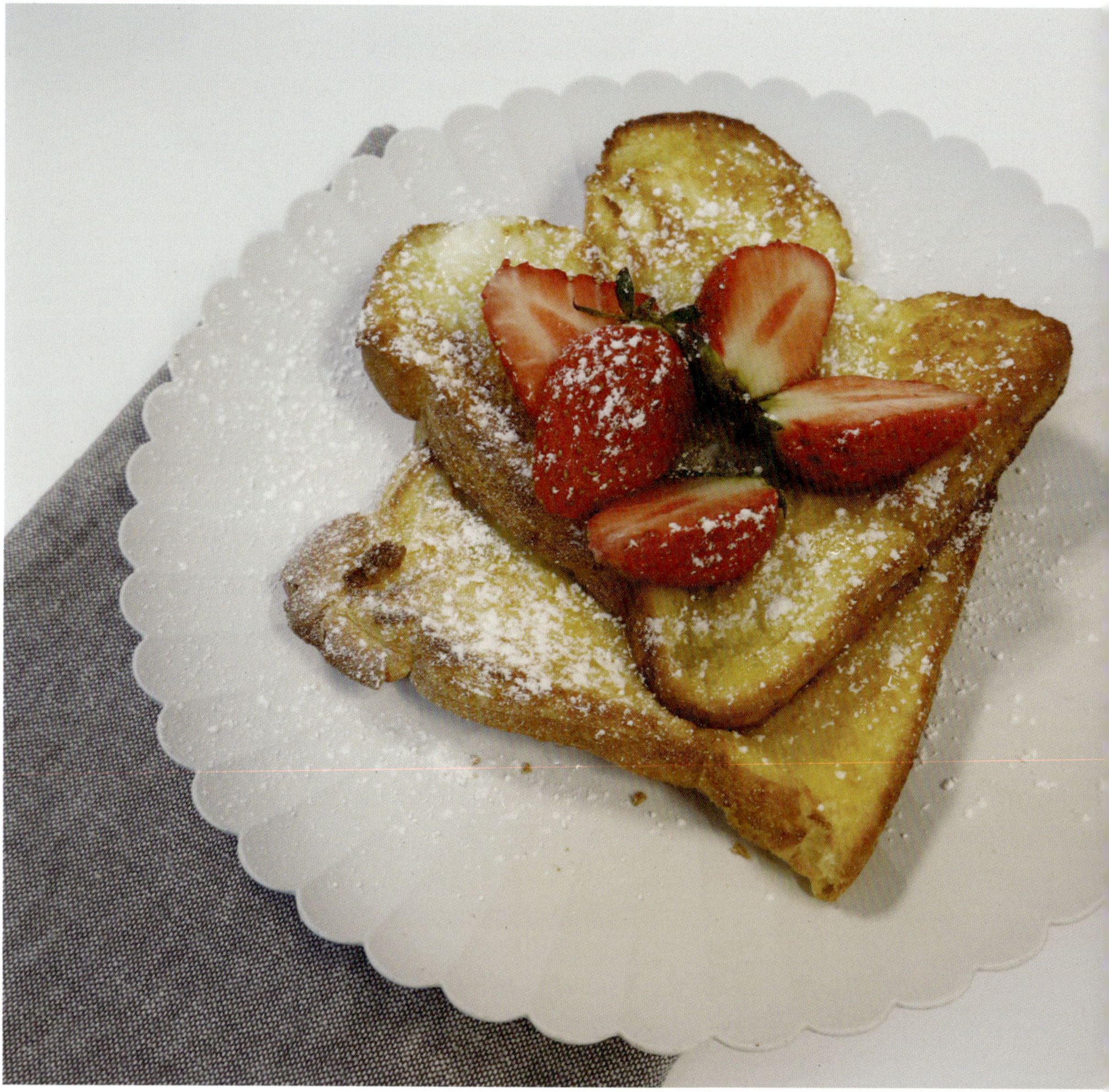

재료 2인분

식빵 2장
달걀 1개
우유 2큰술
버터 10g
딸기 3개 생략 가능
설탕 약간 생략 가능
슈가 파우더 생략 가능

1

분량의 달걀에 우유를 섞어서 달걀 물을 만들어요.

2

취향에 따라 설탕을 약간 넣어도 좋아요.

3

식빵 2장을 달걀물에 담가서 양면을 골고루 적셔 줍니다.

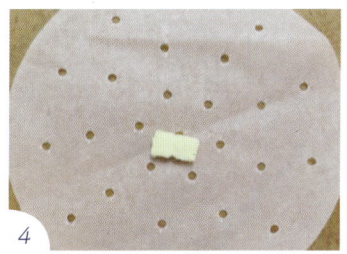

4

구멍 있는 종이 포일에 준비한 버터의 반을 코팅하듯 발라요.

Tip 포일 구멍으로 공기 순환이 되어 따로 뒤집을 필요 없이 양면 모두 고루 익힐 수 있어요.

5

180℃
5~7분

그 위에 식빵 2장을 올리고 남은 버터를 나눠서 올린 다음, 180℃에서 5~7분 구워요.

6

딸기와 슈가 파우더를 뿌려서 마무리합니다.

시판 과자 따라잡기!
후렌치파이

소요시간
에프 5분 | 전체 10분

세팅방법
종이 포일

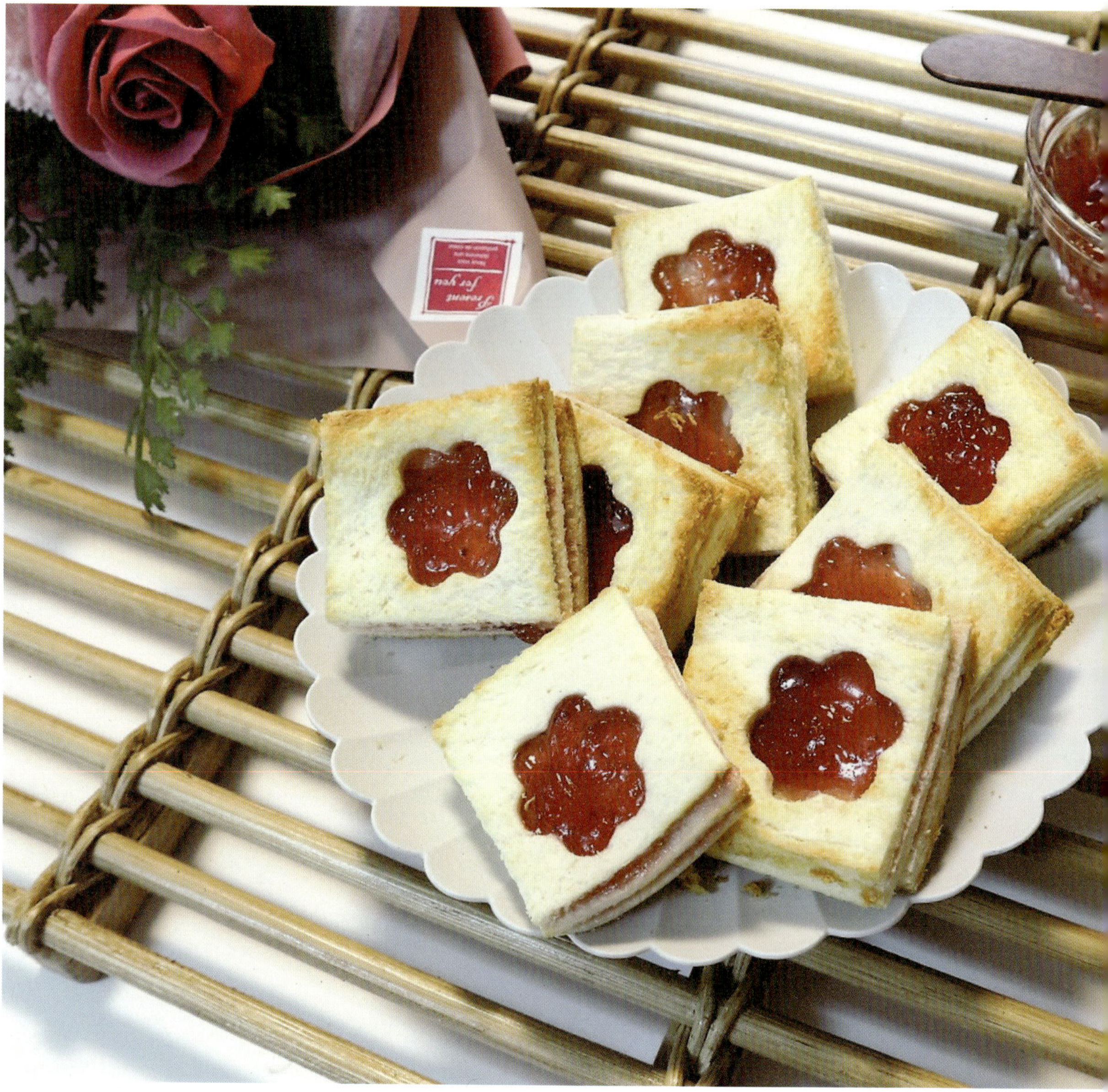

재료 2인분
식빵 6장
딸기잼 3큰술

1

식빵은 테두리를 깔끔히 잘라 주세요.

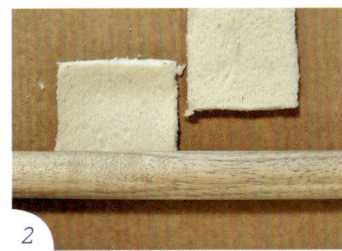

2

밀대로 식빵을 얇게 밀어요.

3

모양틀을 이용해 식빵 2장에 4개씩 모양을 찍어 냅니다.

4

모양을 찍지 않은 식빵 2장에 3의 식빵을 맨 위로 겹쳐 주세요. 이때 식빵 사이사이에 딸기잼을 발라서 붙여 줍니다.

5

모양을 중심으로 4등분한 다음, 180℃에서 5분 구워 주세요.

이보다 더 간단할 수 없다

식빵핫도그

소요시간
에프 10분 | 전체 20분

세팅방법
종이 포일

재료 2인분
식빵 2장
소시지 2개
슬라이스 치즈 2장
녹인 버터 2큰술

1

식빵은 테두리를 잘라 냅니다.

2

반으로 자른 다음, 밀대로 얇게 밀어요.

3

슬라이스 치즈와 소시지도 반으로 잘라 준비합니다.

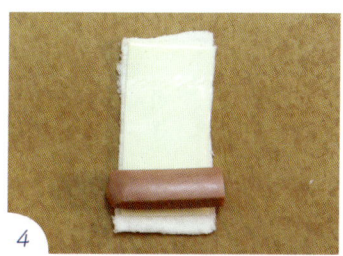

4

식빵, 치즈, 소시지 순서로 겹쳐서 돌돌 말아요.

더욱 맛있게 케첩이나 머스터드를 곁들여 먹어요.

5

롤이 풀리지 않도록 끝 부분을 안쪽으로 겹쳐서 꼬치에 꽂아 주세요.

Tip 꼬치가 탈 수 있으니 물에 적셔서 사용합니다.

6

식빵 겉면에 녹인 버터를 발라서, 180℃에서 5분, 뒤집어서 5분 더 구워 주세요.

베이컨+달걀+치즈 조합은 언제나 옳아

베이컨달걀토스트

소요시간
에프 10분 | 전체 20분

세팅방법
접시형 종이 포일 또는 종이 포일

재료 2인분

식빵 4장
치즈 2장
베이컨 2장
샌드위치 햄 가능
우유 2큰술
달걀 1개
딸기잼 1큰술
버터 10g

1
식빵은 테두리를 잘라 낸 다음, 반으로 나눠요.

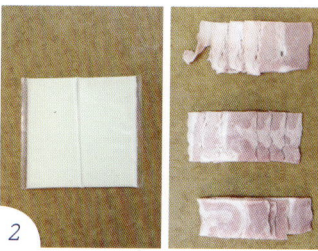

2
치즈는 반으로 나누고, 베이컨은 6등분합니다.

Tip 베이컨은 2줄을 반으로 나눈 후 겹쳐서 다시 3등분하면 편해요.

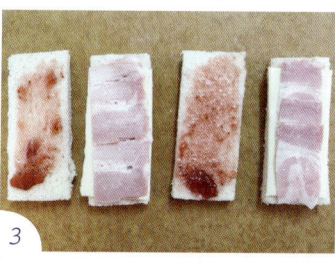

3
식빵에 딸기잼을 바른 다음, 식빵 – 치즈 – 베이컨 – 식빵 순서로 겹쳐 줍니다.

4
달걀물에 식빵의 모든 면을 골고루 적셔요.

Tip 달걀물은 달걀 1개에 우유 2큰술을 섞어서 만들어 주세요.

5
접시형 종이 포일에 버터를 코팅하듯 바른 후 4를 올려 줍니다.

Tip 구멍 있는 포일을 쓰면 치즈가 녹아 내릴 수 있어요.

6
버터 조각을 올린 다음, 180℃로 7분, 뒤집고 170℃로 내려서 3분 더 구워요.

스파게티 한 접시가 그대로
스파게티토스트

 소요시간
에프 10분 l 전체 30분

 세팅방법
종이 포일

재료 2인분
삶은 스파게티면 100g
식빵 4장
토마토소스 4큰술
모차렐라 치즈 4큰술

1
삶은 스파게티면에 토마토소스를 넣고 잘 버무립니다.

Tip 삶은 스파게티면을 올리브유에 버무려 냉장 보관하면 붇지 않아요.

2
스파게티에 모차렐라 치즈를 3큰술 넣고 버무려요.

3
식빵은 테두리를 자른 다음, 밀대로 납작하게 밀어요.

4
식빵 위에 스파게티를 올리고, 모차렐라 치즈를 1/2큰술씩 올려 주세요.

더욱 맛있게 핫소스나 피클을 곁들여 먹으면 담백하고 상큼하게 먹을 수 있어요.

180℃
5분 » 5분

5
식빵을 덮고 포크로 4면을 눌러서 들뜨지 않게 한 후, 180℃에서 5분, 뒤집어서 5분 더 구워 줍니다.

달콤하고 부드럽고 행복한 맛
고구마피자토스트

 소요시간
에프 7분 | 전체 30분

 세팅방법
바스켓

재료 2인분

식빵 2장
익힌 고구마 100g
크림 스파게티 소스 2큰술
케첩 1큰술
소시지 1줄
파프리카 약간
모차렐라 치즈 2큰술

1 익힌 고구마와 크림 스파게티 소스를 그릇에 담고, 고구마를 으깨며 섞어 주세요.

Tip 우유를 약간 넣으면 잘 으깨집니다.

2 식빵에 케첩을 1/2큰술씩 발라요.

3 그 위로 반죽한 고구마를 올려 줍니다.

4 소시지를 얇게 썰어서 올려요.

더욱 맛있게 고구마를 찔 때, 물에 직접 담가서 쪄야 팍팍하지 않고 부드러워요.

5 모양을 살려 자른 파프리카도 그 위에 올려 주세요.

6 마지막으로 모차렐라 치즈 올린 다음, 200℃에서 7분 구워요.

Tip 모차렐라 치즈가 녹아내려 뒤집을 수 없으므로 바스켓에 그대로 올려 열기 순환이 잘되도록 합니다.

식빵 자투리 이제 버리지 마세요~
브레드푸딩

 소요시간
에프 7분 | 전체 15분

 세팅방법
베이킹팬

재료 2인분
식빵 자투리 150g
달걀 1개
우유 100㎖
건포도 1작은술
아몬드 슬라이스 1작은술
버터 약간

1

달걀 1개와 우유 100㎖을 섞어서 달걀물을 만들어요.

2

식빵의 테두리는 잘게 썰고 양쪽 껍데기는 4등분해 주세요.

3

1의 달걀물 안에 2의 빵을 넣어 적셔요.

4

버터를 두른 베이킹팬에 작은 빵 조각을 넣어 줍니다.

Tip 빵을 너무 빈틈없이 쌓으면 속까지 익지 않으니 사이사이 공간을 남겨요.

더욱 맛있게 방울토마토, 딸기 등 과일을 토핑하면 더 상큼하게 즐길 수 있어요.

5

윗부분은 두꺼운 빵들로 채운 다음, 건포도를 올려요.

6

마지막으로 아몬드를 올려서 200℃로 5~7분 구워 주세요.

RECIPE

식빵 자투리의 또 다른 활용
초코러스크

소요시간
에프 5분 | 전체 15분

세팅방법
구멍 있는 종이 포일

재료 2인분

식빵 자투리 100g
버터 20g
설탕 2큰술
코코아 파우더 5큰술
슈가 파우더 2큰술

1
녹인 버터에 설탕 2큰술을 넣어요.

2
설탕을 잘 섞어 줍니다.

3
여기에 식빵 자투리를 넣어 잘 버무려 줍니다.

Tip 한꺼번에 넣지 않고 조금씩 넣어야 골고루 묻어요.

4
구멍 있는 종이 포일에 버터로 버무린 식빵 자투리를 올린 후 180℃로 5분 구워요.

Tip 겹치지 않게 넣으면 뒤집지 않아도 골고루 구워집니다.

5
그 위로 코코아 파우더를 골고루 뿌려요.

6
슈가 파우더를 뿌려서 마무리합니다.

샌드위치 하나로 포만감 충전 완료!
돈가스샌드위치

소요시간
에프 25분 | 전체 35분

세팅방법
종이 포일

재료 2인분
식빵 2장
돈가스 2장
조리 30분 전 자연 해동
돈가스 소스 2큰술
오일 2큰술

1
돈가스에 오일을 골고루 발라서 종이 포일에 놓고 180℃로 15분, 뒤집어서 10분 구워요.

2
구운 돈가스와 식빵 한쪽 면에 돈가스 소스를 발라 줍니다.

3
식빵 사이에 돈가스 2장을 겹쳐 넣고, 먹기 좋은 크기로 잘라 줍니다.

더욱 맛있게 양배추나 양파를 곁들이면 더 상큼하게 먹을 수 있어요.

소요시간
에프 7분 | 전체 15분

 세팅방법
구멍 있는 종이 포일

 재료 2인분
식빵 4장
버터 20g
설탕 1큰술
시판 휘핑크림

커피와 함께 즐기는
허니브레드

1
분량의 버터와 설탕을 그릇에 넣고 섞어 주세요.
Tip 설탕 입자가 안 보일 때까지 섞어야 합니다.

2
식빵 윗면에 1을 골고루 발라서 4장을 쌓고 180℃로 7분 구워요.
Tip 맨 아래 식빵은 아랫면까지 발라 줍니다.

3
먹기 좋은 크기로 자르고 휘핑크림을 뿌려 냅니다.

더욱 맛있게 휘핑크림 대신 아이스크림이나 과일을 올려서 먹어도 맛있어요.

Part 10
불 앞에서 맘 졸일 필요 없는 수제잼

잼 중의 잼은?
딸기잼

소요시간
에프 40분 | 전체 50~55분

세팅방법
베이킹팬 또는 내열 그릇

재료
딸기 200g
설탕 1컵
물 1/2컵
레몬즙 1/2작은술
식초로 대체 가능

잠깐 상식
잼에 레몬즙을 넣으면 색이 변하거나 상하는 것을 막아줍니다. 특히 딸기는 잼의 응고에 필요한 펙틴 함유량이 낮기 때문에 레몬즙을 넣어야 흐물거리지 않는 잼을 만들 수 있어요.

1

딸기는 흐르는 물에 씻어 꼭지를 잘라 주세요.

Tip 꼭지 아래 흰 부분은 잘라 내고 사용해요.

2

잘게 깍둑썰기합니다.

3

베이킹팬에 딸기를 옮겨 담고 포크로 으깨 주세요.

4

분량의 설탕과 물을 넣고 섞은 다음, 170℃로 20분, 160℃로 내려서 20분 더 졸여요.

5

완성된 잼에 레몬즙을 넣어 마무리합니다.

 맛없는 사과를 맛있게 하는 방법
사과잼

 소요시간
에프 45분 | 전체 55~60분

 세팅방법
베이킹팬 또는 내열 그릇

 재료
사과 300g
물 1컵
설탕 1컵
레몬즙 1작은술
식초로 대체 가능

1
사과는 껍질과 씨를 제거한 후 깍둑 썰기합니다.

2
베이킹팬에 옮겨 담고 분량의 설탕, 물을 넣고 섞어요.

3
베이킹팬째 넣고 170℃에서 20분, 160℃로 25분 졸인 다음, 레몬즙 1큰술을 넣어 마무리합니다.

소요시간
에프 35분 | 전체 45분

 세팅방법
베이킹팬 또는 내열 그릇

 베리베리 맛있는
블루베리잼

 재료
냉동 블루베리 200g
설탕 1컵
물 1큰술

1
베이킹팬에 해동한 블루베리와 설탕을 넣어 주세요.

2
물 1큰술을 넣고 잘 섞어 줍니다.
Tip 냉동 과일이라 물은 조금만 넣어도 충분합니다.

3
포크로 블루베리를 으깬 다음, 170℃로 20분, 160℃로 내려서 15분 더 졸여요.

몰캉몰캉 씹는 맛이 좋은
파인애플잼

소요시간
에프 40분 | 전체 50분

세팅방법
베이킹팬 또는 내열 그릇

재료
파인애플 200g
설탕 1/2컵
물 1/2컵

1
파인애플을 잘게 썰어 주세요.

2
베이킹팬에 파인애플과 분량의 설탕과 물을 넣고 섞어요.

3
포크로 으깨듯 눌러 준 다음, 170℃에서 15분, 160℃로 내려서 25분 더 졸여요.

소요시간
에프 10분 | 전체 20분

 세팅방법
베이킹팬 또는 내열 그릇

숲에서 나온 버터
아보카도잼

 재료
냉동 아보카도 200g
땅콩잼 1큰술
버터 10g
물 1/2컵

1
잘게 다진 냉동 아보카도에 땅콩잼과 버터를 넣고 으깨며 섞어요.

Tip 생 아보카도를 사용할 경우, 61p의 손질법을 참조하세요.

2
물 1/2컵을 넣고 잘 섞어 주세요.

3
베이킹팬에 옮겨 담고 160℃에서 10분 졸여서 완성합니다.

건강을 듬뿍 담은
토마토잼

소요시간
에프 50분 | 전체 60분

세팅방법
베이킹팬 또는 내열 그릇

재료
토마토 300g
설탕 2컵
물 1/2컵
레몬즙 1/2작은술
식초로 대체 가능

1
토마토를 잘게 잘라 베이킹팬에 담고 분량의 설탕을 넣어요.

2
분량의 물을 넣고 포크로 으깬 다음, 160℃에서 50분 졸여요.

3
뜨거운 상태에서 레몬즙을 넣어 마무리합니다.

소요시간
에프 40분 | 전체 50분

 세팅방법
베이킹팬 또는 내열 그릇

 침샘 자극 No.1
골드키위잼

 재료
키위 300g
설탕 1컵
물 1/3컵
레몬즙 1/2작은술
식초로 대체 가능

1
골드키위를 잘게 잘라 베이킹팬에 담고 분량의 설탕을 넣어요.

2
분량의 물을 넣고 포크로 으깬 다음, 160℃에서 30분, 140℃로 내려서 10분 더 졸여요.

3
뜨거운 상태에서 레몬즙을 넣어 마무리합니다.

찾아보기

이걸로 뭘 해먹지?

감자 / 고구마 / 옥수수

감자
베이컨감자꽃	64
감자치즈크로켓	86
베이컨치즈감자구이	88
알감자구이	90
구운통감자	152
회오리감자	153

고구마
고구마새우볼	56
군고구마	92
허니버터고구마	93
아코디언고구마	94
고구마맛탕	96
고구마파이	171
고구마브라우니	172
고구마피자토스트	200

옥수수
콘치즈누룽지통닭	24
옥수수맛탕	98
옥수수버터구이	151
콘치즈마요빵	157

밥 / 떡 / 빵 / 면류

떡
소고기떡말이	54
새우떡꼬치	77
꼬소떡구이	103
꿀떡볶이	104
어묵떡꼬치	105
기름떡볶이	163

면
소면말이새우튀김	34
빠네크림파스타	38
라면피자	70
뽀빠이건빵	102
스파게티토스트	198

밥	콘치즈누룽지통닭	24
	양배추쌈밥	48
	파프리카보트밥	50
	라이스핫도그	110
	베이컨주먹밥	132
	하이라이스새우주먹밥	134
	토마토치즈머핀밥	136
	떡갈비머핀밥	138
	치즈불닭주먹밥	139
	연어크래미주먹밥	140
	고추참치주먹밥	141
	멸치볶음주먹밥	142
	참치마요주먹밥	143
	진미채주먹밥	144
	스크램블에그주먹밥	145
빵	빠네크림파스타	38
	마약꿀호떡	156
	콘치즈마요빵	157
	쪽파바게트	184
	아코디언바게트칩	185

식빵	달걀샌드위치	188
	프렌치토스트	190
	후렌치파이	192
	식빵핫도그	194
	베이컨달걀토스트	196
	스파게티토스트	198
	고구마피자토스트	200
	브레드푸딩	202
	초코러스크	204
	돈가스샌드위치	206
	허니브레드	207
또띠아	시금치플랫브레드	58
	또띠아치즈피자	82

육류

닭	닭가슴살찹스테이크	22
	콘치즈누룽지통닭	24
소고기	소고기가스	30
	소고기떡말이	54
돼지고기	대패삼겹살샐러드	116
	돼지고기덮밥	117
떡갈비	떡갈비머핀밥	138

베이컨	통베이컨채소구이	26
	방울토마토베이컨말이	53
	아보카도베이컨말이	60
	베이컨감자꽃	64
	베이컨양파링	66
	베이컨치즈감자구이	88
	베이컨주먹밥	132
	베이컨에그롤	161
	갈레트	164
	아코디언바게트칩	185
	베이컨달걀토스트	196
소시지	올리브핫도그	72
	소시지채소볶음	73
	두부핫도그	108
	라이스핫도그	110
	할라피뇨핫도그	158
	낙엽브레드	168
	해바라기빵	170
	식빵핫도그	194
햄 / 스팸	햄치즈가지롤	42
	스팸스틱	67
	가지팬피자	68
	라면피자	70
	토마토치즈머핀밥	136
	햄치즈토스트	160

족발	슈바인스학세	27
오리	단호박오리찜	28
냉동식품	만두그라탕	37
	치즈치킨	83
	돈가스샌드위치	206

생선 / 어패류

가리비	가리비쪽파치즈찜	31
고등어	고등어강정	119
메로	메로파피요트	32
옥돔	옥돔간장조림	118
문어	문어꼬치	78
새우	소면말이새우튀김	34
	새우소금구이	36
	고구마새우볼	56
	새우떡꼬치	77
	하이라이스새우주먹밥	134
어묵	어묵떡꼬치	105
	어묵달걀튀김	106
통조림류	연어크래미주먹밥	140
	고추참치주먹밥	141
	참치마요주먹밥	143

두부/알류

두부	두부토마토카나페	46
	애호박두부구이	47
	두부핫도그	108
	두부튀김	129
달걀	구운달걀	91
	단호박에그슬럿	100
	어묵달걀튀김	106
	달걀푸딩	120
	스크램블에그주먹밥	145
	치즈달걀빵	154
	마약꿀호떡	156
	베이컨에그롤	161
	갈레트	164
	달걀샌드위치	188
	프렌치토스트	190
	베이컨달걀토스트	196
	브레드푸딩	202
메추리알	메추리알장조림	126

채소

가지	햄치즈가지롤	42
	베지카포나타	44
	가지팬피자	68
마늘종	마늘종조림	128
배추	중국식배추찜	52
버섯	팽이버섯전	122
	느타리버섯구이	124
시금치	시금치플랫브레드	58
아스파라거스	아스파라거스파이	57
양배추	양배추쌈밥	48
	양배추부침	80
양파	베이컨양파링	66
	블루밍어니언	74
	양파치즈전	76
파프리카	파프리카보트밥	50
호박	단호박오리찜	28
	애호박두부구이	47
	단호박에그슬럿	100

과일

골드키위	골드키위잼	217
딸기	딸기잼	210
바나나	바나나튀김	112
	바나나크레페	165
	바나나초코머핀	182
블랙포도	블랙포도미니머핀	180
블루베리	블루베리잼	213
사과	사과잼	212
아보카도	아보카도베이컨말이	60
	아보카도잼	215
토마토	두부토마토카나페	46
	방울토마토베이컨말이	53
	시금치플랫브레드	58
	토마토잼	216
파인애플	파인애플잼	214

베이킹재료 / 기타

호떡믹스	공갈빵	148
	잡채호떡	150
	할라피뇨핫도그	158
	낙엽브레드	168
	몽키브레드	177
	시나몬롤	178
핫케이크가루	치즈달걀빵	154
	고구마브라우니	172
	블랙포도미니머핀	180
	바나나초코머핀	182
페이스트리 생지	아스파라거스파이	57
	올리브핫도그	72
	햄치즈토스트	160
	해바라기빵	170
	리본파이	174
	마시멜로우에클레어	176
만두피	바나나튀김	112
	토마토치즈머핀밥	136
	고구마파이	171

요알못도 문제없는
에어프라이어 요리 마스터북
ⓒ김주애 2019

초판1쇄 발행 2019년 7월 26일
초판3쇄 발행 2022년 9월 20일

지은이 김주애

펴낸이 김재룡
펴낸곳 도서출판 슬로래빗

출판등록 2014년 7월 15일 제25100-2014-000043호
주소 (139-806) 서울시 노원구 동일로183길 34, 1504호
전화 02-6224-6779
팩스 02-6442-0859
e-mail slowrabbitco@naver.com
블로그 http://slowrabbitco.blog.me
포스트 post.naver.com/slowrabbitco
인스타그램 instagram.com/slowrabbitco

기획 강보경   편집 김가인   디자인 변영은 miyo_b@naver.com

값 13,800원
ISBN 979-11-86494-55-4 13590

「이 도서의 국립중앙도서관 출판시도서목록(CIP)은 서지정보유통지원시스템 홈페이지(http://seoji.nl.go.kr)와 국가자료공동목록시스템(http://www.nl.go.kr/kolisnet)에서 이용하실 수 있습니다. (CIP제어번호: CIP2019026943)」

- 잘못된 책은 구입하신 곳에서 바꾸어 드립니다.
- 이 책은 저작권법에 의해 보호를 받는 저작물이므로 허락 없이 복제하거나 다른 매체에 옮겨 실을 수 없습니다.
- 슬로래빗은 독자 여러분의 다양하고 참신한 원고를 항상 기다리고 있습니다. 보내실 곳 slowrabbitco@naver.com